わたしたちは
連帯する

イ・ジヘン |著|
桑畑優香 |訳|

BTSと
ARMY

イースト・プレス

BTSとARMY

わたしたちは連帯する

BTS AND ARMY CULTURE

はじめに

「革命を夢見ることができなくなると、人々は日常に戻ってきた」

　今を生きる人にとって、かつて信念が存在していた位置にあるのは、もしかすると「推し」ではないかと思う。

　旧世代の人たちにとって、信念はきわめて重要な人生の要素だった。独裁と反民主主義、イデオロギーの対立がまん延するなかで、信念は、個人の生き方を決定づけ、世界を見つめる指針だった。人々は「信念で結ばれた共同体」を通じて信頼しあい、世界観を共有していた。冷戦と革命が朽ち果てた場所に日常が入りこみ、無限の競争と生き残りをかけた新自由主義のヘルゲートが開かれた現在。黒と白がはっきりした信念の共同体の代わりに到来した──消費資本主義の強い影響は否めないが──「推しで結ばれた共同体」は、現代を生きる人々の交流とコミュニケーションから、消費にいたるまで、日常の大きな部分を占めている。

　推しで結ばれた共同体がパワーを発揮するのは、日常だけにとどまらない。AppleやXiaomi[*1]、配達の民族[*2]などを運営す

るWoowa Brothersなどの企業は、忠誠心の高い消費者に熱く支持されながらブランド効果を享受している。「政治のファンダム化」現象も広まっている。アメリカのジョン・F・ケネディ大統領は、強力なファンダムをバックに、アイドルに匹敵する人気を博した。韓国でも「イニファンダム」[*3]という文在寅大統領の強力な支持者グループが存在し、ちょっとしたグッズから写真まで大統領に関するあらゆるものを消費し、サポートしている。

　熱狂的でやや排他的なファンダム文化が、政治的な信念の領域でも通用するのかという問題は、より深い分析が求められるだろう。しかし、推しで結ばれた共同体がもっとも高い忠誠心で凝縮したファンダム文化が、政治の領域にも表れていることは、公私の領域の境界が入り交じってあいまいになった現代のポストモダン世界を映し出す、ひとつの例として語ることができる。

　ビルボードのメインアルバムチャート「Billboard200」で1位を獲得し、ワールドスタジアムツアーのチケットを完売させ、ビルボード・ミュージック・アワードで「トップ・

＊1　（訳注）小米科技（シャオミ）は、中国の総合家電メーカー。スマートフォンメーカーとして2010年に創業。
＊2　（訳注）韓国最大手のデリバリーアプリ。
＊3　（訳注）"イニ"は文在寅大統領のニックネーム。

デュオ／グループ賞」などを受賞、国連総会で演説をし、『TIME』誌の表紙を飾り、文化勲章を受章するなど、防弾少年団（以下BTS）は数々の偉業を成し遂げてきた。言いかえれば、BTSの歩みのすべてが韓国ポピュラー音楽の歴史的瞬間であり、わたしたちはそれをリアルタイムで目撃しているのだ。

このようなBTSの驚くべき記録を実現させた原動力として、世界中のメディアが注目しているものがある。彼らのファンダム、A.R.M.Y（Adorable Representative M.C for Youth、以下ARMY）だ。BTSの音楽とコンテンツを消費するだけでなく、音楽に込められたメッセージを理解し、熱心に拡散するパワフルでグローバルな結束力は、推しで結ばれた共同体が、信念に近い熱狂的な感情を共有することで生まれたものだ。

BTSという共通分母を持つ、推しで結ばれたARMY。この本は、最強の推しの共同体であるファンダム、ARMYを文化研究者の立場でのぞいてみたいという欲望から生まれたものだ。最大の問題は、どのような立ち位置で眺めるかだった。研究は厳正なる論理の言語だ。一方、批評はあたたかい解釈の言語であり、テリー・イーグルトン*4によると、「対象

*4（訳注）イギリスの批評家、思想家。著書に『文学とは何か』（大橋洋一訳、岩波書店）、『イデオロギーとは何か』（大橋洋一訳、平凡社）他。

の複雑さと厚みに鋭く反応すること」だという。客観性と検証された理論でアプローチするのが研究であるならば、本書は研究者でありファンである筆者のBTSにたいする愛情が表れる、一種の大衆的な批評書といえるだろう。

　本書が浮き彫りにするのは、BTSを愛するファンのグループであり、象徴的な共同体であるARMYが、従来のK-POP文化とは異なるカルチャーを生み出し、ファンとしての活動を通じてグローバルな音楽界のメインストリームにおけるBTSの地位を高めてきた過程だ。ARMYの主な活動の場であるソーシャルメディアとインターネットのファンコミュニティを分析し、特にARMYが文化的な権力を持つ既存のマスメディアにたいし、いかに交渉を重ねながらBTSの文化的な立ち位置を作り出していったかを考察する。

　躍動するARMYというファンダムが、同時代の文化にどんな作用を及ぼすのか。本書は批評的な理論書というよりも、具体的な例を通じて語る一種のアーカイブである。ARMYにとっては、自分たちの足跡の記録として、ARMYを知りたい人にとっては「ARMYの本格的な解剖書」となることを願う。

　この本の原点にあるのは、アイドルのファンダムについて批評的談論が必要だという認識だ。なぜならファンダムは特

定の対象の認識を形成し、評価を左右し、これをめぐる行動に影響を及ぼすからだ。「オッパ部隊」「パスニ」[*5]といった蔑称や、「幼稚な女子のカルチャー」という偏見に満ちた視線がつきまとうアイドルのファンダム。韓国におけるアイドルファンダムの歴史が20年を超え、ファンダム文化はある程度成熟し変化した。だが、今も変わらず偏見が存在し、批評的に語られることは少ない。その背景には女性、若者、消費文化にたいする社会の硬直した考え方がある。本書が目標とする、躍動するファンダムについての細やかな観察が、ファンダムへの見方をアップデートし、深い批評と評価を呼ぶきっかけになることを望んでいる。

　最後にファンのひとりであるわたしを「ARMY」という熱狂的でダイナミックな世界の一員として受け入れてくれたARMYたちに、メディア研究者のヘンリー・ジェンキンスの言葉を借りて感謝の意を伝えたい。

「わたしがファンダムについて知っていることは、すべてファンダムのなかで学んだことだ」

2019年6月

イ・ジヘン

＊5　（訳注）熱狂的なファン、スターの追っかけをする人を意味するスラング。

　メディアがBTSにインタビューする際に、決まって聞く質問があります。
　「BTSにとってARMYとは何ですか」
　「ARMYに伝えたいことは？」

　2020年8月にリリースした「Dynamite」が韓国のアーティストとして初めて米ビルボードHot100で1位を獲得。同年11月には前作『MAP OF THE SOUL：7』に続き、アルバム『BE』もbillboard200で1位、収録曲の「Life Goes On」はHot100で韓国語の曲として初の首位に輝きました。そして、第63回グラミー賞では、最優秀ポップ・パフォーマンス賞（グループ／デュオ部門）にノミネートされています。

　世界を舞台に快進撃を続けるBTS。なぜ、これほどの人気を世界中で獲得したのでしょうか。その答えを導くキーワードとして注目されているのがARMY、すなわちBTSのファンダムです。

　著者のイ・ジヘンさんとは、2020年1月、イギリスのキングストン大学で開催された「BTS会議」で出会いました。世界中の学者がBTSについて音楽やマーケティング、文学、ジェンダーなどさまざまな切り口で発表する学術会議。BTSの人気が世界的な「現象」として今や学術研究の対象となっていて、イ・ジヘンさんは、随一のARMY研究者として知られています。

　原書は2019年7月に韓国で出版されました。その後、BTSをとり

まく環境は大きく変化しています。新型コロナウイルス感染拡大の影響で、2020年に予定されていたワールドツアー「MAP OF THE SOUL TOUR」は全面的に再調整に。音楽業界に逆風が吹くなか、BTSが7月に開催した初のオンラインコンサート「BANG BANG CON The Live」は107の国と地域で約75万6600人の同時接続者数を記録、10月に開催した「BTS MAP OF THE SOUL ON : E」は、191の国と地域の計99万3000人が視聴しました。「BTS現象」とARMYは加速度的に広がっているのです。

BTSとともにムーブメントを起こし、連帯するファンダム、ARMY。本書には、次のような疑問にたいする答えが隠されています。

・BTSはいかにして海外でパワフルなファンダムを集めたのか。
・BTSはなぜ海外の音楽チャートで強いのか。
・ARMYとはいったいどんな人たちなのか。
・ARMYが社会活動をする理由。
・ファンダムが世界の音楽業界にもたらした変化とは。

なお、日本語版では数字や記録などのデータは韓国出版時のものをそのまま記し、現在までにアップデートされた情報の一部を（訳注）（編集部注）として補足しました。

また、巻末には古家正亨さんにBTSとARMYについて伺った特別インタビューを収録しています。BTSが日本デビューする前年から現在まで、日本でのほぼすべてのイベントでMCをつとめている古家さん。もっとも身近な場所でBTSの歩みを見つめてきた人だけが知りうる貴重なエピソードの数々をシェアしてくださった古家さんに心からお礼を申し上げます。

はじめに　　　　　　　　　　　　　　　　　　　3

日本語版翻訳に寄せて　　　　　　　　　　　　　8

1｜K-POPの片隅で　　　　　　　　　　　13
政治的なシンボルとなったアーティストとファンダム　　15
いばらの道を突き抜けて　　　　　　　　　　　　18

2｜投票で大きなうねりをつくる　　　27
ハッシュタグ投票　　　　　　　　　　　　　　　29
K-POP投票文化の影　　　　　　　　　　　　　36

3｜最高のプロモーター「ARMY」　　43
BTSをメインストリームにおしあげたARMYの底力　　47
ハッシュタグで世界中に広める　　　　　　　　　52
スレッド機能で熱量を伝える　　　　　　　　　　56
ストリーミング時代でも「購入」　　　　　　　　60
アメリカのラジオに風穴を空ける　　　　　　　　66
「K-POP」？　「BTSpop」!!　　　　　　　　74

4｜多様性のファンダム　　　　　　　83
ミドル世代や男性のファンの可視化　　　　　　　86
LGBTQコミュニティで　　　　　　　　　　　　92
マイノリティの共感　　　　　　　　　　　　　　95
黒人性についての学び　　　　　　　　　　　　　99
知識階層のハートもしっかりつかむ　　　　　　103

5 | 言葉の壁を飛び越えて ... 109

欧米優位の言語秩序を揺るがす ... 113

母国語は違っても「ハングル・デー」でつながる ... 119

「韓国語で歌う」ということ ... 125

グローバルに魅力を発信する「ARMY翻訳家」 ... 130

6 | ファンダムはそして、社会へ ... 139

BTSの成長物語が多くの人の心を揺さぶった ... 141

熱心なチャリティー活動をするARMYたち ... 152

「ARMYはBTSの顔」 ... 159

7 | これからの道 ... 165

ファンダムとミソジニー ... 169

ファンダム内の人種主義 ... 173

K-POPファンダムの特殊さ、そしてARMY ... 178

音楽業界の新たなフォース、ファンダム ... 186

新自由主義時代の市民ARMY ... 195

日本語版巻末特別インタビュー
古家正亨「彼らは世界を一つにする象徴だから」 ... 201

参考文献 ... 223

凡 例

- BTSのメンバー名、アルバム名、ミニアルバム名、曲名の表記はBig Hit エンターテインメント公式サイトの日本語ページを参照しています。

- アルバム、ミニアルバム、テレビ番組、映像作品、書籍名などは『　』で、曲名、記事タイトルは「　」でくくりました。

- 本文中にある受賞記録など、データや数字は原書が出版された2019年7月12日時点のものです。

1

K-POPの片隅で

わたしたちは連帯する

EDMとパフォーマンスを身につけたアイドルが、韓国のポピュラー音楽市場の絶対的な強者として君臨し、海外でもドラマに続きK-POPが韓流ブームの先鋒と見られていた2013年。「防弾少年団」という風変わりな名前のアイドルグループがデビューした。当時、ビッグ3と呼ばれたSM、YG、JYPという芸能事務所の大手が三つ巴で争っていた音楽界で、中小芸能事務所であるBig Hit Entertainment（以下、Big Hit）が誕生させた防弾少年団は、ヒップホップをもっとも重要な特徴とし、差別化されたアイデンティティを打ち出した。しかし、デビュー前にアンダーグラウンドでラッパーとして活動していたSUGAとRMは、自分たちにとって一番大切なはずのヒップホップシーンから揶揄され、非難を浴びた。アイドルとしてデビューしようと魂を売った「変節者」という烙印を押されながらも、耐えるしかなかった。それだけではない。巨大な芸能事務所とそのファンダムが中心に存在する音楽界でアイドルファンからは、「パン・シヒョクが生んだ少年団」「中小芸能事務所のアイドル」とからかわれた。ヒップホップファンもアイドルファンも背を向けるなかで登場した彼らの未来は、きわめて不透明に見えた。BTSは、K-POPの中心どころか、手でそっと押すと消えてしまいそうな片隅で第一歩を踏み出した。

政治的なシンボルとなった
アーティストとファンダム

　2018年9月、ケーブルチャンネルJTBCの報道番組「ニュースルーム」の「アンカーブリーフィング」コーナー。アスリート・芸術家の兵役免除に関する議論を説明する際に、アンカーが議論の渦中に置かれたアイドルファンの反応について、以下のフレーズを引用して紹介した。

「行くべきところがあるのなら行けば良いし、わたしたちは待てば良い」

　これは、アジア競技大会で金メダルを取ったサッカー代表チームが兵役を免除されることを非難して「国連でスピーチをして国威発揚に貢献したグループも、兵役免除の対象にするべきだ」という趣旨の法改正を議論した政治家に対抗し、「BTSを本人たちの意思とは関係なく、政治的ポピュリズムの道具として利用するな」と声明文を出したBTSのファンダムARMYの言葉だ。BTSの名前を掲げて法改正の提案を打診した政治家は、その後BTSのファンダムに謝罪した。
　こんな事例もある。2018年5月、ありえないと思われた

単語の組み合わせで構成されたハッシュタグがTwitterに登場した。「#StreamFakeLoveToEndTrumpsAmerica」。翻訳すると、「トランプのアメリカを終わらせたいと望むなら、(BTSの)『FAKE LOVE』をストリーミングせよ」という意味だ。人々ははじめ、このハッシュタグに戸惑ったが、意味を理解した時には、膝を打った。BTSのアルバム『LOVE YOURSELF 轉 'TEAR'』がリリースされた時、ビルボードのアルバムチャートは、何週間もアメリカのラッパー、ポスト・マローンが支配している状態だった。麻薬、メランコリー、敗北主義が主をなすポスト・マローンの音楽が、トランプ大統領の支配するアメリカを示唆すると考える反トランプ主義者たち、そして黒人の魂が込められたラップを魂なく伝える白人ラッパーのポスト・マローンに反感を抱く黒人のBTSファンたちが、このハッシュタグをリードした。彼／彼女たちは、新しいアルバムをリリースしたBTSが、ポスト・マローンをトップの座から退かせる適任者だと判断したのだ。彼／彼女たちは、BTSの新曲を積極的にストリーミングした。

これらの事例は、自身も知らないうちに国内外の大きな政治問題のキャスティングボートになったBTSとARMYの今を表している。いずれも、BTS自体が論点の中心ではなく、猛烈に政治的な利害がぶつかりあう場で一種の象徴として作

用するほど重要な存在だと立証している。国内外の政治的勢力や人権団体など、決して容易ではない相手から、自分たちのスターを守ろうとしてきたファンダム、ARMY。ファンダムが政治的な領域で声を上げたことはこれまでもあったが、状況の重さにかんがみると、異例の事件であるのは間違いない。

　なぜアイドルが、それも世界の音楽界の中心から遠く離れた韓国のアイドルが、国内外の大きな政治的な問題の真ん中で象徴として使われているのか。社会、政治、経済が深く結びつく現在のカルチャー全般において、BTSはどんな存在なのだろうか。米ビルボードのアルバムチャートで1位になった時、韓国の大統領が「夢をかなえたARMYにもお祝いの言葉を伝える」とメッセージを送るほど、ファンダムまでもが「現象」の中心にいるK-POPアイドルとファンダム、BTSとARMY。「ARMYがいたからこそ、今のBTSが存在する」という人もいれば、「BTSだからこそ、ARMYのようなファンダムが生まれた」という人もいる。メンバーのSUGAも、2019年に『MAP OF THE SOUL : PERSONA』をリリースした際の記者会見で、「何がBTSを特別な存在にしたのか」という質問に「特別なファンに出会えたこと」と答え、成功した理由としてARMYを挙げた。JIMINも「ARMYと自分たちは、お互いにポジティブな影響を与えあ

いながら共存する関係」と語り、ファンにたいする厚い信頼をしめした。もちろん、歌手とファンは互いにとって、もっともありがたく特別な存在だ。だが、BTSとARMYのように話題になったアーティストとファンダムは、きわめて珍しい。彼らの今を理解するには、まず彼らの原点を知らなければならない。

いばらの道を突き抜けて

「BTSも本当に大変ななか努力して、ARMYもがんばった。数年前につらくてファンをやめたいといっていたARMYたちに、将来BTSはビルボードのステージでパフォーマンスをすると（過去に戻って）教えてあげたい」
　——2018年ビルボード・ミュージック・アワードでBTSがパフォーマンスを披露することが発表された後、あるファンコミュニティに投稿された文章。

　2018年5月にリリースされたBTSの3枚目のフルアルバム『LOVE YOURSELF 轉 ‘TEAR’』には、「134340」という

曲がある。2006年に太陽系の惑星から外された冥王星（Pluto）を、愛を失った自分に重ねて歌ったものだ。「僕には名前がない　僕も君の星だったのに　君は光だからいいね　僕はそんな君を浴びるだけ」。惑星の地位を失い輝く場所から追い出された冥王星。それとは逆に、BTSは現在のきらびやかな地位にたどりつくまで、K-POPという銀河系の隅っこで長い時間を過ごさなければならなかった。

　海だと思ったここは　砂漠だった
「たいしたことのないアイドル」が2番目の名前だった
　放送でカットされることは数えきれず
　誰かの代役が僕らの夢
　ある人は　会社が小さいからまともに売れないと
　I Know I Know　僕だって知っている
　ひとつの部屋で7人が寝ていた日々も
　眠る前に明日は違うと信じたことも
　砂漠の蜃気楼　形は見えるけどつかむことはできず
　果てなき砂漠で生き残りたいと願った

　──ミニアルバム『LOVE YOURSELF 承 'HER'』よりヒドゥン・
　　トラック「Sea」

メンバー7人が同じ部屋で寝ていた時代の不安を振り返る
歌詞は、「Moving On」にも登場する。

　　いいことは　いつもみんなで分かちあい
　　不透明な未来への心配で
　　いつも声が枯れ
　　年末の授賞式　先輩の歌手を見て胸がつまり
　　そんなわずらわしい記憶を忘れずに
　　心に留めておこうと

　　──ミニアルバム『花様年華 pt.1』より「Moving On」

　大手芸能事務所所属のアイドルは、バラエティ番組で名を
広めてファンを得る。だが、テレビ出演の恩恵をほとんど受
けなかったBTSは、舞台裏の姿や日常の様子をインターネッ
トで地道に公開して、空白を埋めようとした。日記形式の
「BTS Log」などのコンテンツは、テレビのような軽く楽し
い雰囲気だけではなく、不安と覚悟の瞬間も映し出した。テ
レビの代わりとして打ち出した独自のコンテンツに、自分た
ちだけの物語を重ねたのだ。不利な条件でデビューしたもの
の、彼らのパワフルなダンスの動画とメロディー、舞台裏を
捉えた数えきれないほどのコンテンツは、オンラインでじわ

じわとファンを集めた。最初は好奇心でクリックし、やがて数百の関連動画を続けて見ているうちに――ファンたちはこれをBTSという「ウサギの穴」にハマったと表現する――このグループがありがちなメロディーとパワフルなダンスだけで構成された典型的なK-POPアイドルではないと、すぐ気づく。自分たちだけの物語のなかに織りこんだ深い歌詞、人間的にも音楽的にも良くなろうと努力する向上心、メンバー同士の友情や思いやりは、好奇心からアプローチした人を無限の魅力で引きつけ、虜にしてしまう。BTSが韓国で本格的にその名を知らしめたのは、2015年に「I NEED U」が初めて音楽番組のランキング1位を獲得したのがきっかけだった。だが、海外ではすでに2014年にアメリカ・ロサンゼルスで開催されたKCON[*1]で熱い歓声を浴びた時から、ただならぬ兆しを感じさせていた。2014年にリリースした『SKOOL LUV AFFAIR』は、デビューしたばかりで韓国では認知度が低かった彼らのアルバムが、米ビルボード・ワールド・アルバム・チャートで3位になるという、海外における異常な熱気を国内に知らしめた。

---

*1　（訳注）K-POPコンサートに韓国の最新ファッション、ビューティー、コンテンツと、韓国のライフスタイルが体験できるコンベンションを融合したイベント。CJ ENMが主催。

このようにBTSの人気が韓国よりも海外で高いなか、韓国内での基盤を揺るがそうとする逆風も吹いた。「人気もないグループのアルバム売り上げがこんなに多いはずがない」とし、「芸能事務所が"買いだめ"した」というデマや、他のK-POPグループと髪の色や衣装のコンセプトが似ているという理由から起きた「剽窃（ひょうせつ）」攻撃などが代表的な例だ（買いだめについては、裁判所が事実ではないと確定判決を出した）。これらの悪意あるデマや攻撃は、2014年から人気がだんだん広がり始めた2015年、そして2016年まで続いた。ピークとなったのは、2016年5月、すべてのアイドルの夢といわれるオリンピック体操競技場でコンサートを開催した日だった。ステージを終えてファンにメッセージを残すためにTwitterを開いたBTSの目に飛び込んできたのは、トレンド入りした「剽窃少年団」というワードで埋め尽くされた画面だった。BTSが公演後にTwitterを開く時間に合わせ、あらかじめ計画されたトレンドワード攻撃だった。

　韓国内でのこうした攻撃とともに、BTSのアルバム『WINGS』のリリースに合わせて海外の別のK-POPファンダムの一部は「ブレイキング・ザ・ウィングス」を起こした。デマを広めたり妨害したりしてBTSの海外での活動を破壊する意図から始まったこのプロジェクトは、たんにファン同

士の闘いと片付けるにはあまりにも悪意があった。BTSが人気を集めた直後から数年間続いた攻撃に耐えきれず、ファンダムを離れたARMYもかなり多かった。メンバーたちのインタビューと歌にも、当時彼らが経験した不安や苦痛がにじみ出ている。このような攻撃の裏には、BTSにたいする密かな無視が存在していた。つまり「大手芸能事務所ではないからそんなに人気があるはずがない」という考え、そして芸能事務所にとって唯一の所属グループであるBTSは、踏みつけても反撃できないだろうという計算があったのだ。

　海外のK-POPファンがBTSとARMYを攻撃の対象にしたのも、ある程度の理由がある。海外のK-POPファンはさまざまなK-POPグループを応援するマルチファンダムであるケースが大部分だ。これまで他の文化圏では、K-POPが好きであることはある種のサブカルチャー趣味と扱われていたため、推しのグループと関係なく、K-POPそのものを愛す

*2　（原注）JUNG KOOKは、「人生でもっとも不安な時期があったとすれば、いつどのようにして乗り越えたのか」という質問にたいし、秘密であるとし、「あの時の僕が乗り越えられるものではなかった」と答えたことがある。RMは、2017年に発表した「Always」という曲で、「ある朝目覚めた時、自分が死んでいればと思った」という歌詞で心の内をほのめかした。
*3　（訳注）いわゆる雑食のオタク。

るファン同士が連帯感を持って団結する場合が多かった。ところがBTSのファンは、BTSだけをサポートする人が大勢を占める。なかには他のK-POPにはまったく関心のないファンも相当数いる。K-POPが好きという共通点で結ばれてきた海外ファンにとって、ARMYは異質に見え、反感が生まれた。国内外のARMYは長い間つらい思いをしたが、それによって結果的に結束がさらに強くなった。メディアの恩恵も受けないBTSには自分たちARMYしかいないという追いつめられた心境は、後に海外のARMYたちがBTSのためにアメリカ市場の扉を叩くようにするベースとなった。

　そして、デビューから7年目を迎えた今[*4]、BTSは最大の音楽市場であるアメリカはもちろん、世界各国でトップの存在感をしめしている。3枚のアルバムが1年足らずのうちに米ビルボード・アルバムチャート1位となり、イギリスのアルバムチャートでもトップに立った。2019年のビルボード・ミュージック・アワードでトップ・デュオ／グループ賞（Top Duo/Group）と、3年連続でトップ・ソーシャル・アーティスト賞（Top Social Artist）を受賞し、2冠に輝いた。2018年にはアルバムの売り上げが世界2位を記録。同時に韓国では『MAP OF THE SOUL : PERSONA』が発売2か月で360万枚を記

*4　（訳注）原書が刊行された2019年6月時点。

録し、ひとつのアルバムでガオンチャート史上もっとも多くのCDを売り上げたアーティストになった。

K-POPの片隅から一歩を踏み出したBTSとARMY。今、彼らは世界で一番有名なボーイズバンド、そしてもっとも有名なファンダムになった。

2 |

投票で大きな
うねりをつくる

———

わたしたちは連帯する

ファンになる過程は人それぞれだが、BTSがパワフルな海外の
ファンダムを集めた最大の理由はYouTubeの動画だったといえる
だろう。数百のオフィシャル映像から、その数千倍を超えるファ
ンによる動画まで、YouTubeはBTSの熱心なファンになるきっか
けを生む宝の山だ。ファンはYouTubeの動画を機に、BTSのメン
バーが公式アカウントを運営するTwitterを見るようになる。さら
に、BTSの自主製作バラエティとライブを見られるNAVERが運営
するV LIVEから、アイドルファンが集まるDCインサイド[1]やNate[2]、
theqoo[3]、instiz[4]などのコミュニティに広がっていく。このように
さまざまなオンラインプラットフォームに集いそれぞれの活動を
するファンたちが、ひとつになり連帯する機会がある。それは、
投票だ。

　1年の総決算となる授賞式が重なる年末年始は、アイドルファ
ンが集中力とバイタリティを発揮する時期だ。通常1か月、長く
て2か月程度をかけて行われる投票は、それぞれのファンダムの
根気と組織力、そして高度な戦略が求められるバトルフィールド
なのだ。

＊1 （訳注）電子掲示板サイト。
＊2 （訳注）ポータルサイト。
＊3 （訳注）インターネットコミュニティサイト。
＊4 （訳注）芸能・娯楽コミュニティサイト。

ハッシュタグ投票

　アメリカのネットラジオ局「アイハート・ラジオ」は、2014年からアイハート・ラジオ・ミュージック・アワード（以下、アイハート・アワード）を開催している。ビルボードの順位には、アメリカ国内のラジオ局でオンエアされる回数が絶対的な影響力を持っている。そのため、アイハート・アワードは、まさにビルボードのリアルタイムの指標ともいえるだろう。そんなアイハート・アワードの5回目の授賞式を前に各部門のノミネートが発表された2018年1月、SNSに驚きの声が次々と書き込まれた。なんと、BTSがベスト・ボーイバンド（Best Boy Band）とベスト・ファンダム（Best Fan Army）の2部門にノミネートされたのだ。これらの賞はSNS投票で決まるが、1票を投じる方法はシンプルだ。約2か月の間、Facebook、Twitter、InstagramなどのSNSに候補の名前のハッシュタグをつけて投稿するか、アイハート・ラジオのウェブサイトで投票すればいい。ただし、ひとり当たり1日50回という制限がある。BTSのTwitterアカウントは、韓国で最大のフォロワー数を誇る。2019年5月現在、2000万人を突破していて、1日に何万人もフォロワーが増える。「Twitter政治」と呼ば

れるほどトランプ大統領はTwitterを活動の根城としていたが、通信社のブルームバーグによると、2017年にトランプ大統領の個人アカウント（@realDonaldTrump）と、1億人を超えるフォロワーを抱えるジャスティン・ビーバー（@justinbieber）がメンションされた回数を合わせても、BTSの半分にも及ばなかった。2018年にもっとも多く「いいね」をもらったツイートは、BTSのJ-HOPEが投稿した動画だった。このツイートは約180万の「いいね」を得た。BTSにとって、Twitterは活動の拠点だった。1年前、カナダ人有名ユーチューバー、リリー・シンがウィル・スミスにSNSについて教える動画がヒットしたが、彼女が「SNSで絶対にしてはいけないこと」として最初に語ったのは、「BTSを侮辱すること*5」だった。

　BTSがアイハート・アワードにノミネートされたと知ったARMYたちは、まさにお祭りムードだった。2017年4月、ARMYが力を結集して約3億票を投じてBTSをステージに立たせたビルボード・ミュージック・アワードに比べれば、アイハート・アワードのハードルは低いように思えた。しかし、思いもよらぬ伏兵が存在した。

　最大の脅威は、ベスト・ファンダム部門にBTSとともに

＊5　（原注）Lilly Singh（Superwoman）「How To Speak Internet 101（ft. Will Smith）」
　　　https://www.youtube.com/watch?v=pMpQABKlC-I ※2021年1月15日閲覧。

ノミネートされたEXOのファンダムだ。欧米の歌手のなか
にもビヨンセやワン・ダイレクションのファンのように強い
結束力を誇るグループがあるが、果たしてK-POPファンに
勝るものは存在するだろうか。自分が推すアーティストの新
曲がリリースされると、まるで呼吸をするかのように自然に
ストリーミングをしてチャートの上位に押し上げ、年末の授
賞式の人気投票では組織的に総攻撃を仕かけることがファン
文化として定着しているK-POPのファンダム。なかでも韓
国のファンたちの投票能力は、ギネス記録に項目がないだけ
で、世界最高レベルであるというのは広く知られている事実
だ。特にEXOはSMエンターテインメントという大手芸能
事務所が生んだ多くのグループのなかで、歴代最強のファン
ダムを持つことで有名である。オンラインの投票でBTSと
EXOのファンダムが対決すると、まるで互いに火に油を注
ぐように燃え上がる。アイハート・アワードも例外ではな
かった。ARMYとEXO-L（EXOのファンの呼び名）がぶつかり
合い、投票数がはね上がる。ARMYだけで1日に1000万票以
上が集まったこともあった。Twitterの1アカウント当たり50
回までというルールがあったため、多くのARMYが複数の
Twitterアカウントを新たに作り始めた。Twitterで投票を済
ませると、Instagramで50回、そしてFacebookで50回。聞い
ただけでも疲れる投票ルーティーンを、数多くのARMYが1

日も欠かさず繰り返した。2か月にわたる長い投票期間にへとへとになったARMYたちの間では「投票地獄」という言葉がジョークとして広まったりもした。

　ノミネートされたライバルのアーティストが積極的に投票をアピールしたためにピリピリした雰囲気になったこともあった。同じくベスト・ボーイバンド部門の候補だった南米のグループCNCOの例がまさにそれだ。CNCOのメンバーたちは投票を積極的に呼びかけた。彼らが投票を促すツイートを1回すれば、数万回のリツイートがリアルタイムであふれ、投票数にカウントされる。いくらARMYの人数が多いとはいえ、60日間の長期戦で勝つ方法は、一貫性を維持すること、すなわち毎日宿題のようにひたすら投票するのみだった。アジアのARMYが投票を終えて眠りにつくと、地球の反対側にいる欧米のARMYが目を覚まして投票をした。

　1時間ごとに投票数の合計を発表し、リアルタイムで2位との差を伝える、グローバル統計アカウント。いろいろな方法でARMYを笑顔にさせて、楽しい投票のためのアイディアを練った各国の投票促進アカウント。そして、個人のARMYのアカウント。これらがひとつに団結し、60日間をマラソンのように駆け抜けた。ファンダム部門ではEXOと、ボーイバンド部門ではCNCOと接戦を繰り広げていた

が、結局、ARMYはそれぞれ1億票以上の差をつけて大きく引き離し、2つの賞を獲得した。アイハート・アワードの授賞式の日、BTSは式を欠席する代わりに、RMがTwitterでARMYに次のようなメッセージを伝えた。

　3月21日
　感想としていいましたが、本当に多くの方々がとても長い時間と努力を注いで投票してくれたことを知っています！　賞のタイトルが「ベスト・ファンダム」であるように、BTSの賞ではなく、完全なるARMYの賞だと心の底から思っています。本当におめでとう、愛しています。ARMY♡　#RM

——BTSのTwitterより。

　メッセージを見たARMYは、「この一言で過去の苦労が、すべて雪が溶けるように消えてしまった」と、2か月間の「投票地獄」を笑顔で振り返った。

　もうひとつの代表的なハッシュタグ投票が、ビルボードのトップ・ソーシャル・アーティスト部門だ。2017年5月、ビルボード・ミュージック・アワードに初めて招待されたBTSは、熱狂的なファンの歓声に包まれながら、トップ・ソー

シャル・アーティスト賞を受賞した。この部門を6年間ずっと独占してきたジャスティン・ビーバーを阻止し、BTSが賞に輝いた瞬間、舞台裏で信じられないといった表情のVが「ARMYは本当にやり遂げた」といった。その通り。全世界のARMYがビルボードを占領し、BTSをアメリカのメインストリームのアワードに送り込んだのだ。

　BTSがビルボードのチャートで頭角を現し始めたのは、『花様年華』シリーズがスタートした2015年頃からだったが、ARMYは欧米のメイン音楽市場がBTSにもっと注目すべきだと考えた。2016年のチャートの結果をバネとして、BTSが2017年についにトップ・ソーシャル・アーティスト部門の候補になると、ARMYは一丸となって攻勢をかけた。機会がなかっただけで、BTSの強烈な存在感を一度だけでも目撃すれば、自分たちがそうであったように誰しも魅了されるに違いない。そう思ったのだ。SNSのハッシュタグ投票で受賞者を決めるビルボードは、ARMYに最適化された方式だった。ツイートの数があまりに多いためにアカウントが削除されると再び別のアカウントを作り、ARMYは休むことなく投票を続け、励ましあった。興味深いことに、後に国別の数を確認したところ、北朝鮮からの投票も数百票あったという。

　あまり知られていないが、トップ・ソーシャル・アーティ

スト受賞の道のりは順調ではなかった。すでに不動の地位を得ている欧米の有名アーティストのファンダムは、メディアで聞いたこともないBTSが候補になったことを嘲笑した。ノミネートされなかったK-POPアーティストのファンダムの一部は、ライバルの欧米のアーティストに票を入れた。こうしたなか、「BTSにはARMYしかいない」と、世界中のARMYが力を合わせ、熱心に投票した。結果、3億票という前代未聞の得票数で、BTSはトップ・ソーシャル・アーティストを受賞した。授賞式に参加するためだけにラスベガスを訪れたBTSを見たARMYは、来年は必ずステージでのパフォーマンスが実現できるように努力を誓った。

ARMYの誓いは翌年現実になる。BTSは2018年、ビルボード・ミュージック・アワードで2年連続トップ・ソーシャル・アーティストを受賞すると同時に、新しいアルバム『LOVE YOURSELF 轉 'TEAR'』のタイトル曲「FAKE LOVE」を授賞式で初披露した。翌週、『LOVE YOURSELF 轉 'TEAR'』は、Billboard200で初の1位に。そして、2019年、ついにBTSはビルボード・ミュージック・アワードでトップ・デュオ／グループ賞に輝いた。

K-POP投票文化の影

　K-POPのファン文化を語る時に欠かせないのが、集団で応援する際のかけ声、アーティストを宣伝するための国内外での広告契約、そしてパワフルな投票だ。ところが、この「パワフルな投票」は、必ずしもポジティブな点ばかりではない。投票には、アーティストの受賞やチャートでの記録達成を、ファンである自分の栄光と結びつけるファン文化が伴う。兵役と年齢の壁、そして激しい競争のために、アイドルとしての寿命がそれほど長くない韓国の芸能界で、記録はアイドルの地位を公式的に認める尺度にもなる。だからファンは、記録達成を目指してあらゆる投票に力を入れるのだ。

　問題は、投票にたいする果てなき競争が、韓国国内の授賞式によって手軽な金儲けの手段として悪用されている点だ。韓国の授賞式の投票アプリは、人気投票に必要な投票権を得るために数十秒の広告を見たり、ゲームや怪しげな金融アプリをダウンロードしたりしなければならないものも多い。それが面倒な人のためには、有料の投票権、つまりお金を払って投票権を買うオプションもある。皆、最初は広告を見て投

票権を得るが、終盤の順位争いが激しくなると、ファンのなかには仕方なく有料で投票権を買う人が増え、最終的には多額の現金を払うファンがどれだけいるかで順位が決まることがある。「お金を払ってまで投票するのは理解できない」と思うかもしれないが、ギリギリの線で勝敗が決まる時、有料投票の誘惑を振り切れる可能性はとても低い。数時間後に締め切られる投票で、わずか数百票の差で負けていたら、有終の美を飾るために有料投票権を買うのが人間の心理だ。

　有料投票のオプションは、まさにこのようなファンの心を悪用して韓国内の一部の授賞式が行う小細工だ。これまで外国の授賞式では一度も有料投票のオプションを目にしたことがないわたしとしては、韓国の授賞式がなぜこのようなシステムを公然と運用するのか、どうしてマスコミはこの問題にまともにメスを入れようとしないのか、理解に苦しむ。毎年アワードシーズンになると、さりげなく有料投票のオプションを盛り込む韓国の授賞式は、アイドル市場の生態系を混乱させるのみならず、アイドルファンの大半が10代である状況において、消費者の権利を積極的にアピールするのが難しい未成年を現金自動支払機のように扱う。それだけではない。無料で投票するファンをターゲットにしたアプリのダウンロードや広告には、ファンの年齢を考慮しない出会い系アプ

リやカジノの宣伝など有害なコンテンツがあふれている。実例として挙げられるのが、2019年初めに開かれたソウル歌謡大賞だ。人気賞に票を入れるためには、特定のアプリをダウンロードしたり広告を見たりして無料の投票権を得るか、あるいは最初からお金を払って投票権を買うようにネット上で誘導されていた。そのなかに援助交際アプリが含まれていたため、ARMYをはじめ、K-POPファンダムが問題を提起した。すると授賞式側は、問題視されたアプリを削除しただけで、広告再生とアプリのダウンロード、有料決済による人気投票の方針は変更しなかった。これにたいし、ARMYと他のグループのファンダムは「異常な有料投票には参加できない」と、K-POPファンダム連合という名のもとで投票ボイコットを行った。有害な投票方式にファンダムがひとつになって反発し、投票をボイコットしたのは、初めてのことだった。しかし、制裁できる手段がない韓国の法の抜け穴をかいくぐる投票方式は、今も多くの授賞式で行われている。

　一方、K-POPが韓流として海外で人気を集めているため、韓国の授賞式でも「韓流人気賞」のように外国のファンが投票する部門が設けられるようになった。とはいえ、実際は外国のファンの投票だけで決まるわけではない。海外のファンダムが大きくない場合は、韓国のファンがVPN（Virtual

Private Network）でIPを偽装し、海外用投票アプリをダウンロードする事例も多い。自分が好きなアーティストにひとつでも多く賞を与えたいファンが考案した一種の変則投票だが、韓国の授賞式はこれにたいして特に制裁を加えないようだ。「賞」は、その名にふさわしい候補に与えられるために作られるものだが、海外ファンが選ぶ「韓流人気賞」のはずが、韓国国内の人気賞と違いがなくなる事態が毎年繰り返されている。ファンも目的のためなら策を問わない姿勢を改める必要があるが、何よりも残念なのは、基準を明確にしない授賞式側の態度だ。外国の授賞式は、「不適切な投票行為が発覚した場合、候補の資格を剥奪する」と投票の告知に記されている。

　投票ではないが、2017年にワン・ダイレクションのハリー・スタイルズのファンがVPNを使って外国からアメリカのIPでストリーミングをして、問題になったことがある。[*6]ビルボードのメインチャートは、本来アメリカ国内のセールスとストリーミングだけを集計するが、スタイルズの新曲をチャートインさせるために他国のファンたちがVPNを通じてアメリ

*6　（原注）Kaitlyn Tiffany. Harry Styles Fans Are Trying to Beat the Billboard Charts with VPNs and mass coordination. The Verge. May 5, 2017.

カのIPを作り、ストリーミングをしたのだ。これがメディアで報じられると、「ファンの行動はチャート操作だ」と批判を浴びた。ビルボード・チャートに情報を提供する米調査会社ニールセンは、「わが社はVPNをブロックするシステムを備えている」と述べ、VPNの使用など不適切な手法に強力に対処することを示唆した。ファンダムのパワーを一番はっきりしめすのが投票であるため、授賞式の投票は、上記で述べたような課金制やIP偽装などがまん延してしまうのだ。

　そんななか、ファンダムの違法投票が一線を越える事件が起きた。いわゆる「ゴールデンディスク投票ハッキング事件」だ。2019年1月に開催されたゴールデンディスク・アワードの人気賞の投票で、ハッキングが発生した。通信キャリア大手LG U+が提供したアプリを使う人気投票では、ひとりが持てるハンドルネームは1個だけで、ひとつのIDで投票できる上限が決まっていた。ところが一部のファンがハッキングし、任意の携帯電話の番号を入力してIDを無限に作って投票したのだ。韓国でもっとも広く使われている文字認証方式のセキュリティ、しかも有名な通信会社が作ったアプリのものが、専門のハッカーではなく一介のファンダムに破られたという事実は、韓国社会に衝撃を与えた。ファンのなかには、

これまで密かに行われてきた投票方式、つまりお粗末な投票システムを利用して複数投票をする方法と何ら変わりないと思い、ハッキングに参加した人もいただろう。ファンか否かを問わず、少し不適切な方法で日常的に行っていた投票が、実は不法行為と紙一重だったと知らなかった人もいるに違いない。だが、情報が財産である情報化社会で、セキュリティ認証方式を迂回（うかい）したIDの無限生産が不法であることは、反論の余地がない。

このように不適切な行為と違法行為の境界を行き来する投票行為を、「分別がなく同調圧力に弱い若いファンの行動」と片付けるのは、むしろ問題だ。アイドル音楽市場は、一般大衆ではなくファンダムによって動く。アルバムを買い、音源をストリーミングし、コンサートに行きグッズを買うファンの規模と購買力が、アイドルの寿命を決める。そのため、投票することで歌手にひとつでも多くの賞を取ってもらい、それが報じられることで、ジャングルのような韓国の芸能ビジネスの世界における地位を固めてあげたいと願うファンの気持ちは大切だと思う。本当の問題は、ファンのピュアな愛情を利用して不当な利益を得る国内の授賞式にビジネスモラルが欠けていることだ。有料投票を廃止し投票基準を厳格に定めることだけが信頼性を高める方法だと、韓国の授賞式は悟ってほしい。

3 |

最高のプロモーター「ARMY」

———

わたしたちは連帯する

デビューした2013年から、ビルボード・ミュージック・アワードとアメリカン・ミュージック・アワードで米国市場での存在感を高めた2017年に至るまで、BTSのファンダムは韓国よりも海外のほうがパワフルだった。Big Hitのパン・シヒョク代表も、人気は海外から逆輸入されたと語るほどだ。BTSの韓国での人気がある程度安定すると、グローバルファンダムは、BTSを「K-POPアイドル」ではなく「国際的なアーティスト」にしようと目的を定めた。そんな団結力が爆発したのが、2017年のビルボード・ミュージック・アワードの授賞式だ。授賞式が開かれるラスベガスに全米からファンが殺到した。集まったのは、BTSを見るためだけではない。彼らをとてつもなくパワフルなファンダムが支えていることをしめすという意図もあった。授賞式の会場に入るBTSを待ちながら、灼熱の太陽が照りつけるラスベガスで何時間もずっとBTSの曲を歌っていたファンたちは、ついにBTSが受賞すると、割れんばかりの歓声を上げて会場を驚かせた。その場にいた出席者とアメリカのメディアの視線がBTSに注がれた瞬間だった。しかし、ビルボード・ミュージック・アワードでのこのような熱狂は、序章にすぎなかった。

　同年11月、BTSは韓国のアイドルとして初めてアメリカン・ミュージック・アワードのステージに立った。わたしがBTSというグループを初めて意識したのは、この授賞式だ。テレビの画

面に映る「ARMY Bomb」*1を手に韓国語で合唱する海外ファンの姿はとても不思議な光景だった。気になってYouTubeでアメリカン・ミュージック・アワードでのライブのリアクション映像を検索して、驚いた。授賞式の会場や、リビングルームの前でARMY Bombを振りながら歌う欧米のファンたち。その姿は衝撃的だった。曲が始まる前からメンバーたちの名前を韓国語で叫ぶファン、握りしめた手で口元を押さえながら静かに涙を流すファン、喜びを爆発させながら「Take the world!（世界を征服せよ）」とテレビの前で大声で叫ぶファン。BTSの全米テレビデビューを見守るファンのリアクションはさまざまだったが、心はひとつ。BTSが世界的なステージに立ったことを、とても「誇らしい」と感じていたのだ。自分の故郷の出身でも同じ国の人でもない、東洋の小さな国で生まれた歌手が大舞台に立ったことを、彼／彼女たちがこんなにも誇らしく思う理由は何か。不思議な気持ちと好奇心に駆られBTSをもっと知りたいと動画を検索したわたしを結局ARMYにさせたのは、あの日のARMYたちだった。

　なぜ、BTSは人々を夢中にさせるのか。この疑問は、欧米メディアがBTSというグループに注目するようになった、もっとも重要な理由でもある。BTSがアメリカン・ミュージック・アワードに

*1　（訳注）オフィシャル・ペンライト。

3 ｜ 最高のプロモーター「ARMY」

出席するためにロサンゼルス国際空港に到着した時のファンの反応を見て、米NBCのトーク番組『エレンの部屋』の司会をつとめるエレン・デジェネレスは、「まるでザ・ビートルズがアメリカに来た時のようだ」と語った。予想をはるかに超える在米ARMYの熱狂ぶりは、アメリカにBTSを印象付ける決定打となる。ファンの熱いサポートが、もっとも効果的なプロモーションとなった瞬間だった。

BTSをメインストリームにおしあげた ARMYの底力

　2018年は、BTSのキャリアにおいて非常に大事な年だった。彼らがたんにソーシャル・メディアの現象ではなく、現実世界でも重要なアーティストだということを、チャートの結果で証明したからだ。

　2018年が幕を開けると、ARMYは慌ただしくなった。前年にビルボード・ミュージック・アワードとアメリカン・ミュージック・アワードといった世界の音楽市場のメインストリームで、BTSがその存在を知らしめたからだ。ついに本格的に欧米市場進出を目指す時が来たというのが、ファンダムの大方を占める考えだった。ARMYは2018年、BTSの成功を願って「2018 Race For Gold」という目標を定めた。

　米ビルボードのメインチャートであるシングルチャート（Billboard HOT 100）、アルバムチャート（Billboard 200）、アメリカレコード協会（RIAA）から授与されるゴールドディスクとプラチナディスク、ビルボード・ミュージック・アワードでの受賞、アメリカン・ミュージック・アワードでのノミネート、グラミー賞へのノミネート、ビルボードのソーシャル50で49週間1位。この7項目を実現するために、ARMYの

ファンベースが集まり、細やかなSNS戦略を練った。ビルボードにチャート・インするための情報や記録を知らせるアカウント、アルバムがリリースされるとリアルタイムで世界中のiTunesの音源ダウンロード結果を伝えてストリーミングを促すアカウント、投票の目標を達成するように励ますアカウント。こうしたアカウントが動画や資料を作り、一般のARMYを率いていった。ビルボードのチャートがカウントするのは、アメリカ国内でのデジタル音源とアルバムの販売、そしてストリーミングだけだ。そのため、アメリカと米領プエルトリコのARMYは音源の購入とストリーミングをし、その他のグローバルARMYたちはチャートの順位を上げるためにアメリカのラジオ局に曲をリクエストし、自分の国のチャートのためにアルバムを買い、国別の音源サイトでストリーミングとダウンロードをする。それぞれの国のファンダムは、このように自国のARMYたちにできることを伝えた。結果、2018年末には年初に立てた7つ[*2]の目標すべてが達成されるという、信じられないことが起きた。ファンベースは2019年の年明けに「Mission Complete」とSNSでシェ

＊2　（訳注）フルアルバム『LOVE YOURSELF 轉：'TEAR'』のパッケージをデザインしたHuskyFoxが「ベスト・レコーディング・パッケージ部門」にノミネートされた。

アした。こうして7つの目標を実現した2018年が幕を閉じると、ARMYの望んだ通り、BTSは欧米の音楽市場のメインストリームに立っていた。

　BTSの広報と目標達成に貢献していたのは、大きなファンベースだけではない。ひとり一人のARMYが普段の生活で一般の人を相手に行う「生活広報」も、重要な役割を果たした。手製のBTSのアルバムのチラシを自分の学校の広報ボードやトイレのドアに貼り、曲を宣伝したARMYもいた。チラシにはＱＲコードをつけて、見た人がリンクからBTSの音楽をすぐに聴けるようにするなど、緻密な作戦も欠かさなかった。

　欧米の音楽市場で、非英語圏のアーティストでありアジア人、そしてボーイズ・バンドというウイークポイント（深みのないアイドルという偏見がつきまとう）を持つBTSが、巨大資本のバックなしに戦うのは難しい。ARMYはそれを認め、代わりにファンひとり一人が1対1の広報をする草の根マーケティングで、不可能と思われる壁を乗り越えようと考えた。ファンたちは自らをBTSの「ゲリラ」と呼んだ。

　それまで韓国のアーティストが、欧米の音楽界のメインス

トリームで著名なミュージシャンと本格的に競ったことはなく、BTSの所属事務所Big Hitも海外進出の経験がほぼなかった。そのため、アルバムの広報活動は試行錯誤を重ねた。たとえば、米ビルボードのチャートは、毎週金曜日から翌週木曜日までのストリーミング数と販売の記録を合算するため、欧米のアーティストの大部分は、新しいシングルやアルバムを金曜日にリリースする。韓国の音楽業界の慣習に合わせて水曜日や木曜日にリリースされていたBTSのアルバムは、チャートの算定において、最初から不利だった。そんななか、音楽業界に携わるアメリカのARMYを中心に、金曜日のリリースを求める声が高まり、BTSは2018年、ニューアルバムを金曜日[*3]に発売した。BTSがビルボードで1位になった後、アルバムリリースを金曜日に変更するK-POPアーティストが相次いだ。

　BTSの音楽でとても重要なのが、アルバムタイトル曲のミュージックビデオだ。YouTubeで公開されるミュージックビデオは、再生回数が各種チャートに影響を与えるのはもちろん、大衆にもっとも早くBTSの音楽を宣伝するカギでもある。ところが、二次的著作物[*4]があふれるYouTubeで、ファ

＊3　（編集部注）2013 ～ 14年は水曜日にリリースをしている。

ンではない人がアーティストの公式ミュージックビデオを見つけるのは簡単なことではない。そのため、「BTS」というキーワードで検索すれば最新の公式ミュージックビデオにたどりつくように、映像をアップロードする際に検索しやすいタグをつけることが重要だ。ところが、2018年5月に公開された「FAKE LOVE」の公式ミュージックビデオは検索用のタグが的確でなく、キーワードで動画にアクセスするのが難しかった。すると、たくさんのARMYが修正すべきタグをまとめてBig Hitに提案し、ファン以外の人にもミュージックビデオを広く知ってもらうために、自らリンクをコピーしてSNSでシェアした。そのおかげか、2018年8月に公開された「IDOL」の公式ミュージックビデオは、リリース24時間以内にヒット数4500万回を記録し、テイラー・スウィフトの「Look What You Made Me Do」の記録を更新した。この記録は欧米の主要メディアでトップニュースとして報じられた。

*4 (訳注)オリジナルを原作に創作性を加えたもの。

ハッシュタグで世界中に広める

　ウェブ上にはさまざまなソーシャル・メディアのプラットフォームがあるが、BTSとARMYの主戦場はTwitterだ。Twitterは、ユーザーが匿名で自分の興味に一致するアカウントをフォローすることでネットワークが生まれる、開放型ソーシャル・メディアだ。一方Facebookは、ほとんどが学歴やキャリアに基づいた人脈管理型のネットワークで結ばれた、いわば閉鎖型ソーシャル・メディアといえる。Twitterでは興味に沿ってタイムラインが形成され、即時性が高く多彩な情報がどんどんシェアされていく。

　テーマが次々に移り変わるTwitterには、自分の地域で今一番ホットな話題をしめす「トレンド」の順位がリアルタイムで表示される。Twitterで今どんなテーマが盛り上がっているのか気になる人は、トレンドをチェックすればいい。トレンドには、#を言葉の前につけて検索を可能にする「ハッシュタグ」が表示される。

　TwitterがBTSの主戦場であることは、この「世界中のト

レンド」をチェックすれば一目瞭然だ。BTSに関連するハッシュタグは、ほぼ数日に一度、世界中のトレンド1位になり、BTSに関心がないユーザーでさえ、Twitterを開けば否応なく目に入ってくるほどだ。2018年の1年間に作られたBTS関連のハッシュタグは1億を超え、そのなかの多くが世界中のトレンドで1位になった。度重なるTwitterのトレンド1位を可能にしたのは、巨額の広告費ではない。大規模なファンダムと彼／彼女たちの情熱の力によるものだ。

　Twitterのトレンド順位は、BTSのファンにとって、もっともアプローチしやすい無料のPRツールだ。アルバムのリリースや、授賞式やトークショー、メンバーの誕生日など、BTSの宣伝になりそうなすべての事柄にハッシュタグを作り、トレンド1位にするのがARMYの暗黙の了解だ。たとえば、カムバックが近づくと「#BTSiscoming」のようなハッシュタグをトレンド入りさせ、ティーザー動画やアルバム情報などをツイートし、メディアやTwitterユーザーにアピールする。これは、アーティストに関するニュースがテレビや雑誌などのマスメディアよりもSNSでずっと早くシェアされる現代において、非常に有効な宣伝手段といえる。

　興味深いのは、ARMYにとって韓国のトレンド1位になる

のは、世界中のトレンド1位になるよりも何倍も難しいという事実だ。趣味の対象を軸に匿名でフォローするTwitterのメカニズムのおかげで、Twitterはいわゆるオタクたちが集う場となっている。政治オタク、アニメオタク、アイドルオタク。なかでもアイドルオタクは、韓国のTwitterで高い割合を占めている。そのため、韓国のトレンド上位は、ほとんどがアイドルのファンダムによるハッシュタグだ。韓国のトレンドでは、つねにいろいろなアイドルのファンダムが熾烈に競いあっている。そのため、ARMYが一斉にハッシュタグをつけると、世界中のトレンドでは比較的簡単に1位を取れるが、韓国のトレンドでは苦戦することもしばしばだ。トレンド入りするためには、ツイートの数だけでなく、短時間で爆発的に同じ言葉やハッシュタグが投稿されなければならないからだ。実際、BTSのみならず、他のK-POPグループのファンダムも、時々世界中のトレンドでトップになる。K-POPファンは熱狂的だ。ファンダムが大きかったり、ファンが一生懸命だったり、あるいはその両方を備えている場合には、トレンドの上位に入るのはそれほど難しいことではない。

　ところが、ARMYのPR能力は別格だと感じるケースがある。BTSとはまったく関係ないハッシュタグでトレンド入

りしたにもかかわらず、そのツイートにBTSについて書かれていることが時々あるのだ。たとえば、毎週月曜日、「月曜病を乗り越えよう」という意味で上位にランクインする「#MondayMotivation」というハッシュタグのツイートには、月曜病を克服する方法としてBTSの歌を薦め、曲のURLが記されているものも多い。これは、BTSを知らない人にたいする宣伝効果を狙った、戦略的なハッシュタグの使い方だ。2019年、アメリカの初代大統領ジョージ・ワシントンを記念する「プレジデントデー」に投稿された「#PresidentsDay」というハッシュタグの入ったツイートには、大統領よりもBTSのRMに関する内容のものが圧倒的で、Twitterのユーザーの間で「BTSがプレジデントデーにハッシュタグを乗っ取った」と話題になった。BTSが国連総会でスピーチした後、「RMは大統領になるべきだ」とファンたちがジョークをいったことから（2018年、BTSのアメリカとヨーロッパツアーの観客席に「US President KIM Namjoon」「Prime Minister KIM Namjoon」と書かれた横断幕が登場したこともある）生まれた、言葉遊びでありパロディーだ。その日、#PresidentsDayというハッシュタグをクリックした多くのTwitterユーザーは、BTSのRMが大統領の器だということを期せずして知ることになった。

スレッド機能で熱量を伝える

　ファンはTwitterでBTSネタをたんに消費し漠然と過ごしていると思うのは、大きな間違いだ。TwitterはARMYにとって、外部のメディアに向けた一種の前線基地の役割を果たす。Twitter上でのARMYの活動を見て、メディアは記事を書く。ARMYのオタク活動は幅広く、教育と広報、ファンによる創作アートや寄附など、一言では説明できないほどさまざまな内容を含んでいる。このうち、Twitterを教育的な目的で最大限に活用しているのがスレッド広報だ。

　Twitterの投稿は140文字に制限されているため、短い言葉で感動を呼ぶメッセージが人気を集めることが多い。とはいえ、心を込めた長い話ができないわけでもない。ツイートの下にスレッドを作成すれば、まじめなテーマを長文で説明することが可能だ。ARMYは、TwitterでBTSに関心をしめした人たちにたいし、スレッド機能を積極的に利用する。

　テレビのトークショーや授賞式でBTSを見て興味を持った人のツイートには、100%に近い確率でBTSについて紹介

するリプライ（返信）がつく。BTSのすべての音楽を、バラード、EDM、ヒップホップ、R&Bなどのジャンルに分け、それぞれの曲のミュージックビデオやストリーミングのURLを貼ったり、BTSのメッセージの重要性や社会的影響力、ファンダムの社会活動などをAからZまでカテゴリー別に説明したり。リプライをもらう人の負担にならないように「関心がある部分だけ読んでください」というコメントが親切に添えられていることもある。このようにスレッドで自分が推すアーティストを紹介するのは、他のアーティストのファンの間でも珍しいことではない。しかし、ARMYと他のアーティストのファンダムを比べると、違いがくっきりと浮かび上がる。

　グラミー賞を主催するレコーディング・アカデミー（以下、グラミー）が、Twitterにこんな質問を投稿したことがある。「あなたの人生を変えたアルバムとは？」。いろいろなアーティストのファンがこのツイートに反応した。そんななか、BTSのアルバムを挙げたファンにたいし、いわゆるロックやフォークなど伝統的なジャンルが好きなアメリカ人と推定されるアカウントが「ジョークは止めて、真摯な音楽を挙げよう」と、上から目線のコメントをした。すると、このスレッドにARMYが一気に集まり、BTSの曲がいかに自分の

人生を変えたのか、次々に証言を始めた。このグラミーのツイートは、リツイート（共有）よりもリプライ（返信）が2倍以上多いという、珍しいケースとなった。ARMYは他のファンダムに比べて、語りたいことが多く、自分の考えをはっきり述べる。歌詞とメッセージをひとつ一つ紐解き、それがどのように自らの人生に具体的な影響を与えたのかを説明するARMYに比べ、他のアーティストのファンは、歌のタイトルや簡潔な理由、写真やリンクのみをコメントする人がほとんどだった。

　有史以来、推しについてもっとも語りたがるファンダム。国内外を問わず、他のファンダムがARMYにたいして驚く理由ナンバーワンは、おそらくBTSの音楽や歌詞に過剰ともいえるほど深い意味を与えて読み解こうとすることだろう。グラミーのツイートのリプライに記されたBTSの歌詞とメッセージに関する説明を読んだ他のアーティストのファン、または一般の人たちは、「曲にメッセージを込める歌手はたくさんいるのに、なぜBTSだけが唯一無二だと思うのか」とリアクションした。外から見ると、ARMYが大げさに騒いでいるように映る面もあるのは確かかもしれない。

　もちろん、高級芸術、大衆芸術を問わず、体制や文明批判

のメッセージを盛り込んだ例は数えきれないほど多い。ザ・ビートルズもソテジワアイドゥルも、ピンク・フロイドもすべてそうだった。でも考えてみれば、それらのアーティストが歴史に名を刻んだ理由は、彼らの音楽が前代未聞のメッセージを発していたからではない。アーティストのメッセージがその時代を生きる大衆と深く共鳴できる内容かという、いわばタイミングの問題なのだ。

ARMYのファンダムには、こんな言葉がある。「あなたが人生で一番必要としている瞬間に、BTSと出会ったのだ」。繰り返し強調するが、重要なのはタイミングだ。それぞれ人生のどの段階で、どこで出会ったかというタイミング、そして時代を取り巻く大衆の感情といかに呼応するかというタイミング。それらが時代のアイコンを生むカギだ。もし文化研究者として「他のアーティストに比べてBTSは何が特別でどこに着目すべきか」と問われたら、「彼らにたいする過剰なほどの集団的な熱狂そのものが注目に値すべき現象である」と答えるのが正解だろう。わたしたちが住んでいるのは、まさに現象がまた別の現象を生み出すポストモダン世界だからだ。このようなファンダムのおかげか、白人を優遇するといわれ「ホワイト・グラミー」と非難されるほど保守的だったレコーディング・アカデミーは、数か月後、BTSをグラミー・

ミュージアムでのQ＆Aセッションに招いた。ミュージアム
のエグゼクティブ・ディレクターがBTSの音楽について真
剣な質問を投げかけると、彼らは聡明に答え、深い印象を残
した。そしてついに2019年2月、BTSは韓国のアーティスト
として初めて、グラミー賞授賞式にプレゼンターとして登壇
した。

ストリーミング時代でも「購入」

　今やストリーミングの時代だ。グローバル音楽市場では、
CDを買ったりデジタル音源を購入してダウンロードしたり
する人よりも、Spotifyなどのストリーミングサービスで音
楽を聴く人の割合が圧倒的に増えている。メディアの環境が
変わるとともに、音楽を消費する形も自然に変化したのだ。
2018年にSpotifyが発表した「世界でもっとも再生されたグ
ループ」ランキングの推移をたどると、BTSは3位から5位
の間を行き来する。しかし、男女のソロアーティストも合わ
せた全体の順位では、15位前後にとどまる。ストリーミン
グで勢いがあるのは、ドレイク、アリアナ・グランデ、マルー

ン5、ポスト・マローンのような欧米の歌手だ。ラジオやテレビに頻繁に登場するアーティストの音楽に親しみを感じるのは、当然かもしれない。世界最大の音楽市場であるアメリカで、現地で活動していないBTSの曲が現地のアーティストと同等にアピールするのは難しい。いくらファンダムがパワフルだとしても、ストリーミング回数で勝つのは、たやすいことではないのだ。

　ところが、国際レコード産業連盟（IFPI）が発表した2018年のグローバル・レコーディング・アーティストのランキングで、BTSが2位になったというニュースが舞い込んだ。国際レコード産業連盟とは、世界約70か国のレコード会社の利益を保護する業界団体。このランキングは、デジタルとフィジカル（CD、レコード）のセールス、ストリーミング、ミュージックビデオの視聴回数など、1年間の全世界のアルバム市場の全般的な指標を集計し、アーティストを順位づける、信用度の高いものだ。1位がドレイクで2位がBTS、そして驚くべきことにBTSの後にはエド・シーラン、エミネム、クイーン、アリアナ・グランデ、レディー・ガガなど、世界的に人気を博すアーティストがずらりと並んでいた。ストリーミングで音楽が消費されることが大部分を占めるこの時代に、なぜBTSが上位にランクインできたのだろうか。

答えはBTSファンの圧倒的な購買力にある。ストリーミングでは欧米のアーティストのほうが優勢だ。ARMYは不利な状況を打破するためにデジタル音源とCDを買う。CDの時代が過ぎ去ると、ビルボードのチャートは、ストリーミング数とデジタル音源の購入数を実際のアルバム1枚に置き換えて計算する方法を取るようになった。たとえば、CD1枚に相当するのは、収録されている10曲分のデジタル音源の購入であり、（Apple MusicやSpotifyのようなストリーミングサービスの有料アカウントでの）有料ストリーミングでは1250回、（YouTubeやSpotify無料アカウントでの）無料ストリーミングでは3750回だ。BTSファンダムの購買力は、ここで光を放つ。他のアーティストがすさまじい回数のストリーミングによってビルボードで1位になるのであれば、BTSはCDの売り上げと音源ダウンロードで劣勢をカバーするのだ。アルバムをバージョンごとに数枚買い、カムバックして新曲がリリースされたらデジタル音源を何回も購入する。その結果、2018年にBTSの『LOVE YOURSELF 結 'ANSWER'』はIFPIの「世界でもっとも売れたアルバム」で2位にランクインした。カムバックするたびにアルバムが何百万枚も売れ、デジタル音源の購入数も圧倒的に多い（デジタル音源の売り上げがカウントされるiTunesチャートで、BTSの新曲はリリース直後に1位になったりする）。

ARMYの購買力があまりに強烈であるため、アルバム流通市場もBTSを意識し始めた。ストリーミング時代に突入しオールドメディアとなってしまったCDの売り上げが、なぜBTSによって急激に復活を遂げたのか、多くのメディアが分析を試みた。アルバムを販売するHMVや、大型スーパーのターゲット、ウォルマートは、BTSのアルバムを買いに来るファンのためにBTS専用コーナーを設けたりもした。AmazonはBTSのアルバムの売り上げを見て、K-POPのアルバムを正規で取り扱うため韓国のレコード産業協会に業務協力を要請した。レコード市場としては、過去のものと思われていたCDと音楽ファイルの復活は喜ばしいことだろう。

　アルバムとデジタル音源の販売が好調な背景には、ストリーミングでの不利な状況を克服し、BTSをチャートのトップに押し上げるためのARMYの努力もあるが、同時にこれはK-POPの文化に由来するものでもある。K-POPアーティストのファンがCDを大量に買う理由のひとつは、レコード会社のマーケティング戦略によるものだ。BTSは『LOVE YOURSELF』シリーズや『MAP OF THE SOUL : PERSONA』など、ひとつのアルバムを4つのバージョンでリリースした。バージョンが違ってもCDジャケットのデザインが異なるくらいで、曲は同じだ。さらに、CD1枚に

つきメンバーのフォトカードが1枚入っているため、ファンはフォトカードを集めるために何枚も買ったりする。推しのメンバーのフォトカードが出るまで買ったり、ファン同士で交換したり、最初から何枚も買ってすべてのメンバーのフォトカードをそろえたり。また、アルバムリリースに合わせて開催されるサイン会の当選確率を高めるために、CDを大量に買う人もいる（CDにサイン会の応募券が1枚ずつ入っている）。トップアイドルのファンの場合、サイン会に当選すべく同じCDを何百枚も買う人も珍しくない。すなわち、CDの大量購入というK-POPの文化に、ストリーミングでの劣勢を逆転させるためのARMYの苦肉の策が結びついたのが、BTSがCDとデジタル音源の売り上げで圧倒的な強さを見せる理由といえる。

2019年にリリースされた『MAP OF THE SOUL：PERSONA』で、BTSはビルボードのアルバムチャートで3度目の1位に輝いた。BTSは同チャートで、11か月以内に3枚のアルバムでトップを獲得。1年以内に3回1位を記録するのは、1990年代に発売されたザ・ビートルズの『Anthology』シリーズ以来の快挙だ。初週の売り上げにカウントされたアルバム23万枚相当のなかで、19万6000枚が実物のアルバム購入による数値だった。欧米のアーティストの記録を破竹の

勢いで次々と塗り替えるためか、外国のメディアは、巧妙なやり方でBTSの成功を格下げする記事を書き始めた。一例として米誌『ニューヨーク・タイムズ』[*5]は、CDが500枚も売れないケースが数えきれないほど存在するなかBTSのアルバムがたたき出した19万6000枚という恐るべき数字は、アルバムを4つのバージョンでリリースした「小賢しい」戦略に支えられたものだと書いた。もちろん、ファンが何枚も購入するように仕かけたマーケティング戦略が背景にあったのは確かだ。だが、この記事は「ダブルスタンダード」と批判された。ツアーチケットやグッズにアルバムを組み込むバンドル販売（セット売り）は、すでに欧米のトップアーティストがマーケティング戦略として広く活用している手法だ。このようなやり方には目をつぶり、4つのバージョンをリリースしたBTSだけに言及すること自体が、BTSにたいする差別を内面化していると非難するファンの声は、耳を傾けるに値するだろう。興味深いのは、BTSのただならぬCD販売数を知った海外のトップアーティストたちが、まったく同じ方法でさまざまなバージョンのアルバムをリリースし始めたこ

＊5　（原注）BTS Lands a Third No.1 on the Album Chart in Less Than a Year. New York Times. 2019/04/22.
https://www.nytimes.com/2019/04/22/arts/music/bts-map-of-the-soul-persona-billboard-chart.html ※2021年1月15日閲覧。

とだ。2019年、テイラー・スウィフトはアルバム『Lover』を、デザイナーのステラ・マッカートニーとコラボし、4つのバージョンでリリースすると予告している。

アメリカのラジオに風穴を空ける

　米ビルボード社は、毎週数十種類のランキングを発表する。Billboardチャートは、アメリカ国内のみでの消費量、すなわち米国でのデジタルストリーミング、デジタルダウンロード販売、アルバムセールス、ラジオ局のエアプレイ回数、YouTubeのミュージックビデオ再生数を集計するのが特徴だ。つまり、アメリカの消費者が音楽を聴いたり曲にお金を払ったりすることで順位が上がるというわけだ。そのなか

＊6　(訳注) 原書出版時の情報。
＊7　(訳注) 2020年9月15日から、米ビルボードは世界200か国以上のダウンロード販売とストリーミングのデータにより算出したグローバル・チャート、グローバル200 (Global 200) と、グローバル200からアメリカのデータを除外したグローバル・エクスクルーディング・U.S. (Global Excl. U.S.) というチャートを初めて発表した。http://www.billboard-japan.com/d_news/detail/92258　※2021年1月15日閲覧。

でも、メインチャートといえるのが、シングルチャートの「Hot100」とアルバムチャートの「Billboard 200」だ。

　時折韓国のアーティストが米ビルボードでチャート入りしたという記事が出るが、それらのほとんどはメインチャートではなく、ワールドチャート、つまり英語圏以外の楽曲、アルバムを対象にしたチャートだ。これまで韓国のアーティストで、メインチャートで世界に注目されるほどの成績を収めたのは2組だけ。「PSY」と「BTS」だ。

　PSYは「江南スタイル」がThe HOT100に31週ランクインし、その後リリースされた3曲もチャートインした。BTSは「DNA」が4週連続、「MIC Drop (Steve Aoki Remix)」は10週連続Hot100内ランクイン。『LOVE YOURSELF』シリーズのアルバムも、Billboard 200にチャートインしている。「江南スタイル」は、口コミで空前絶後のYouTubeの再生回数を記録して世界的なヒットとなったにもかかわらず、Hot100での最高記録は2位だった。1位になれなかったのは、ラジオ局のエアプレイ回数が少なかったのが原因だ。Hot100の集計で重要な役割を果たすエアプレイで、英語圏のアーティストに負けてしまったのだ。アメリカのラジオは外国語の曲にとって、いまだ高い参入障壁が存在している。そんな壁に風穴を空けたのは、BTSとARMYだった。

「BTSx50STATES」という、アメリカの50州のBTSファンサイト連合がある。ミッションは、ラジオへのアピール、草の根マーケティング、広告、プロジェクトを通じて、米国内でBTSを知ってもらうよう働きかけることだ。なかでもラジオは、ビルボードチャートの順位に与える影響はもちろん、アメリカの一般大衆にたいする宣伝効果も大きいため、エアプレイ回数を上げるべく、ARMYはありとあらゆる努力をした。BTSx50STATESと連合しているアメリカ西部、南東部、南西部、中西部、北東部、北西部など各地のARMYは、地元のラジオ局を詳しく調べた。ビルボードチャートの順位に大きな影響力を持つ放送局を選び、DJやスタッフに会うために、足を運んだ。

　誰かがこの文章を翻訳してくださるか分かりませんが、韓国のARMYたちに「大きな感謝」を伝えたいです。わたしはアメリカのラジオ局にBTSの音楽を宣伝するチームで、南東部を担当しています。自慢に聞こえるかもしれませんが、大切なことなのでお伝えします。わたしは先週、1日16〜20時間かけて南東部のすべてのラジオ局を調べました。本当につらいのは、（ほとんどすべての局に）何度も無視されることです。そして、今日ビルボードトップ100に投票できる公式ラジオ局のリストをもらって気づきました

が、わたしが数日間の調査を経てすでにコンタクトした
ラジオ局の90％は、そのリストに入っていませんでした。
だから、つらい作業をもう一度イチから始めなければなら
ず……1週間の苦労が無駄に終わりました。2時間泣きまし
た。

　とても大変で体もつらく、睡眠時間も足りません。とこ
ろが、ある方がサンフランシスコとシカゴのラジオで流れ
たBTSの歌についての韓国の記事を翻訳して送ってくれま
した。記事についていたたくさんの励ましと称賛のコメン
トを読みながら、すごく感動しました。ARMYにパワーを
もらい、BTSのための宣伝活動をもう一度始めます。愛し
てます、韓国のダイヤモンドたち、そしてわたしたちの大
切なBTS！　本当にありがとう。パワーをくれて♡
　──ラジオ局にBTSの宣伝活動をしたARMYによる文章。

BTSx50STATESは、ラジオ局に電話をかける時にDJが
BTSを知っているか否かを想定し、セールストークの内容
を変えたマニュアルまで作り、仲間たちに配った。そんなな
か、ラジオ局への宣伝を担当したあるARMYの文章が翻訳
されて韓国のARMYにシェアされたのである。
　地元のラジオ局に電話をかけると、電話を切られてしまう

ことが何度もあった。曲をかけると約束したDJの言葉を信じて何時間も待つのはあたりまえ。「うちの番組は"本物の曲"だけを流す」と蔑まれたこともあった。あつかましいのは承知の上で始めた宣伝活動とはいえ、道のりは厳しかった。「他に打つ手がなかった。テレマーケティングだと自分に言い聞かせながら、ひたすら電話をかけ続けました」。レコード会社がラジオ局に送ったBTSのプロモーション用CDが、ほどなく一般家庭のガレージセールで売られていたこともあった。数年間、悔しさをぐっとこらえながらBTSx50STATESは、あきらめずにラジオ局のドアを叩き続けた。

　すると、ARMYの真摯な思いが通じたのか、ラジオDJが少しずつBTSの曲に興味をしめすようになった。さらに、ARMYの努力を数年間見守ったDJが、BTSの熱烈なサポーター、すなわちARMYになってしまった。2017年のアメリカン・ミュージック・アワードの時期に、BTSがトーク番組『エレンの部屋』に出演したのも、ARMYの真っすぐな気持ちに感服し、自分もARMYになってしまったあるラジオDJのTwitterでのメッセージがきっかけだった。

　DJは後に、このように明かしている。
「その頃、『エレンの部屋』のプロデューサーがアイスホッ

ケーチームのロサンゼルス・キングスファンだと知りました。だからプロデューサーにTwitterでメッセージを送ったんです。『ロサンゼルス・キングスも、BTSがあなたの番組に出演することを望んでいる』って」

プロデューサーがキングスの選手にメッセージを見せると、選手が『番組に出てもらったら？』と提案した。結果、アメリカン・ミュージック・アワードのステージを終えたBTSは、1週間後に『エレンの部屋』に登場。さらに『ジミー・キンメル・ライブ！』『レイト×2ショー with ジェームズ・コーデン』まで、アメリカの3大テレビ・ネットワークのメイントークショーすべてに出演した。

ARMYの努力とBTSのテレビ出演によってアメリカでの認知度が上がると、徐々にラジオでBTSの歌が流れるようになった。ARMYたちはラジオで曲がかかるとすぐに動画を撮ってDJに送った。車のなかで、家で、学校で、ラジオから流れるBTSの歌に歓声を上げるARMYの動画を受け取ったDJは、BTSを聴くリスナー層が確かに存在していると知

＊8　（原注）ラジオ局にたいする宣伝活動のエピソードについては、以下の記事を参照。Catching fire: Grassroot campaign that sold BTS to mainstream America. Chang Dong- Woo, Yonhap Press, 2017. 12. 22. ※2021年1月15日閲覧。

り、さらなる選曲につながった。

　BTSx50STATESのラジオ局への宣伝活動が功を奏した理由は、ARMYが地元のDJとの交流を大切にしたからだ。曲をリクエストする際も、つねに礼儀を尽くし、選曲に必要なすべての情報を素早く提供しながら、DJと信頼関係を築いていった。たんに曲をリクエストするだけでなく、自分が実際にオンエアを聴いている地元のリスナーのひとりだということを、動画や写真を送って証明することも欠かさなかった。BTSの歌を一度でも流したDJには、地元のARMYから花束やスウィーツとともに心が込められたカードが届く。アメリカはもちろん、日本やフランス、ドイツ、イギリスなど、世界各地で多くのDJが感謝の手紙が同封されたARMYからの小包を受け取った。ファンと親交を深めてきたDJが放送局をやめたり転職したりする際にプレゼントと幸運を祈るカードを送り、DJが感動したというエピソードもある。DJは、「長い間ラジオの仕事をしてたくさんのアーティストのファンとの出会いがあったが、BTSファンのアーティストにたいするサポートは、レベルが違う」と驚きを隠さなかった。

　個人的に、このようなキャンペーンができたのは、ファンアカウントを運営する人の大半が職業を持つ大人の女性だっ

たことが理由のひとつではないかと考えている。調べたところ、BTSx50STATESだけでなく、海外のBTSファンベースの運営者には、30代、40代のキャリア女性が多い。若年層のファンをサポートしながらプロジェクトを組織し、社会生活を通じて得た洞察力とソフトなアプローチで、音楽業界で影響力がある人物に接する彼女たちの手腕。それこそがBTSの海外発信プロジェクトを成功させたのだ。

2019年、BTSが『MAP OF THE SOUL : PERSONA』をリリースした日、アメリカのラジオではタイトル曲の「Boy With Luv (Feat. Halsey)」が1日で約850回も流れた。全米で650万人のリスナーが聴き、アメリカでもっとも保守的で攻略が難しいといわれる米ビルボードチャートの「Pop Songs Radio Airplay」で一気に41位になった。1か月後には、実質的にアメリカの大衆的な人気を決定づけるといわれるトップ20入りを果たした。米国ARMYのラジオ戦略にたいする長年の苦労が報われた瞬間だった。

「K-POP」？　「BTSpop」!!

　オンラインなどで流行しているスラングや新語を登録するオンライン辞書サイト「アーバン・ディクショナリー（Urban Dictionary）」は、「BTSpop」という新語を以下のように説明している。

「K-POP[*9]グループのなかでBTSの音楽を熱心に聴き、BTSだけを推す人をBTSpopファンと呼ぶ。もしあなたがBTSだけが好きなら、あなたはK-POPファンではなくBTSpopファンだ」

　2018年はBTSが欧米のメインストリームに浮上した年だ。まるで彗星のように現れ、あっという間に世界の音楽界を掌握したBTS。彼らについて説明する際に、韓国、欧米問わず、メディアが必ずいうことがある。「K-POPが世界に広がっている」。ある意味、あたりまえのようにも感じる言葉だ。しかし、BTS現象をK-POPのグローバル化として説明するの

---

*9 （編集部注）https://www.urbandictionary.com/define.php?term=BTSpop
　　※2021年1月15日閲覧。

は、考えてみれば非常におかしな論理である。これが成立するためには「BTSがK-POPである」、または「他のK-POPもBTSのように欧米のメインストリームに浮上した」のいずれかが真実でなければならない。

　まず、BTSがK-POPという土壌から生まれたグループであるのは事実だが、BTSイコールK-POPではない。K-POPとは音楽のジャンルではなく、パフォーマンス、歌、ラップ、ビジュアル、コンテンツが融合した一種の総合コンテンツだからだ。K-POPアーティストだからといって、単一化された音楽的特色を持っているわけではない。したがって、BTSがK-POP全体を代弁することはできない。また、BTSを好きな人が他のK-POPアーティストも好きとは限らない。エミネムがいいからドレイクも好きというわけでもないだろう。BTSが欧米で人気があるから他のK-POPも人気という方程式は成り立たない。すなわち、欧米におけるBTSの人気をK-POP全体の人気と同一視する見方は正しくない。

　ビヨンセの人気を語る時に、同じパフォーマンス型女性アーティストのマドンナの人気について言及したり、「マドンナがいたからビヨンセが人気になった」といったりはしないだろう。もちろん、自分がよく知らない分野については、

過去と現在を結びつけたがるのが人の常というものだ。では、マドンナがビヨンセの道を作ったとはいわないにもかかわらず、BTSを語る際には必ず彼らのルーツであるK-POPを引き合いに出す理由は何か。欧米のアーティストはそれぞれ個別の存在と認める一方で、BTSをK-POPとイコールで結んでしまう状況は、欧米中心主義による一種の差別といえるだろう。特に現在のようにハイブリッドな音楽が定着してジャンル分けが無意味になった時代に、ジャンルで芸術性を区別し限定するのは、批評として無責任ですらある。

　次に「他のK-POPもBTSのように欧米のメインストリームに浮上したのか」という質問にたいする答えを考えてみる。BTSはスタジアム規模のワールドツアーをする、世界的に見てもまれな、韓国では唯一のアーティストだ。7万席程度のスタジアム公演のチケットであれば、販売開始から2時間も経たずに完売する。ツアーチケットの販売、アルバムの売り上げ、ビルボードメインチャートの記録など、いずれも欧米でBTSレベルの成果を出せるK-POPアーティストは、まだ存在しない。また、Googleのデータを見ても、2016年末から「BTS」という単語の検索数が「K-POP」を大きく上回り始める。つまり、現在の欧米でのBTSブームは、K-POPの人気ではなく、BTS独自の現象だといえる。

一方、ファンたちがBTSにK-POPというレッテルを貼りたくない理由は、別にある。欧米に存在するK-POPにたいする先入観のためだ。K-POPファンではない人たちに、K-POPの強烈なインパクトを与えたのは、（彼がK-POPアーティストか否かという分類はさておき）PSYの「江南スタイル」だった。中毒性のあるフックと面白いダンス。「音楽性よりもパフォーマンスが目を引く視覚的なジャンル」というK-POPへの評価は、裏返せば「音楽性とはかけ離れた、真剣ではない音楽」ということにもなる。

　BTSの名が欧米のマスコミに幅広く取り上げられ始めた頃、ファンが一番神経をとがらせていたのは、BTSをK-POPという枠にはめようとするメディアの姿勢だった。英紙『ガーディアン』や米雑誌『ザ・ニューヨーカー』などは、K-POPにたいする欧米の偏見をそのままベースにBTSの記事を書き、ファンの怒りを買った。「BTSがK-POPを土壌に生まれたのは事実だが、一般の人がK-POPにたいして持っている先入観では語ることができないアーティストだ」というのがファンの立場だ。つまり、芸能事務所が作った「工場型アイドル[*10]」が「10代の女性」たちをターゲットに「ライトでスウィートな愛の曲を歌う」という固定観念にBTSを

*10（訳注）同じようなアイドルを量産することを揶揄する言葉。

当てはめないでほしいというわけだ。メンバーが自ら書いてプロデュースした歌のなかには、教育や世代のギャップ、心の病、自尊心などのテーマが盛り込まれている。それなのに、詳しく調べもせずにK-POPとひとくくりにすることにファンは心を痛めた。「BTSはK-POPではなく、独自のジャンルを開拓した」というファンの言葉は、K-POPを下に見るというよりは、大衆の認識に存在するK-POPへの偏見に対抗するための、一種の戦略的な発言ではないだろうか。

　BTSとK-POPを同一視するメディアにたいし、ファンたちが遠回しに怒りを伝えたこともある。2018年、ワールドツアー「BTS WORLD TOUR 'LOVE YOURSELF'」の北米公演が完売したと伝えたある記事には、「チケット販売力を見せつけたK-POP」というタイトルがついていた。それにたいしてファンが「次にアメリカのヒップホップアーティストが公演を開く時、どんな風に書くのか気になる」と、記事のコメント欄に書いたのである。BTSの独自性を認めず、「K-POP」とひとまとめにした記者の無神経さを皮肉ったのだ。

　BTSが広く知られる前から北米でK-POPをずっと紹介してきたアメリカの数少ないK-POPコラムニストにも、非難

が殺到した。BTSファンにとってK-POPコラムニストはありがたく心強い存在だ。今のように注目を浴びる前から、BTSの音楽にスポットライトを当ててくれたからだ。しかし、BTSが欧米で人気を集めると、コラムニストのなかには、BTSの勢いに乗ってK-POPがアメリカでの地位を固めるのをサポートするために、いくつかのグループを戦略的に紹介する記事を書く人も現れた。これにたいし、ファンは反発した。BTSの人気とK-POPブームを安易に結びつけると、BTSの立場を揺るがしかねないというのがファンの考えだった。

さらに火に油を注ぐ形になったのが、メディアがK-POP関連の売り上げをアップさせるためにARMYの購買力に便乗しようとしたケースだ。2018年2月、BTSが表紙を飾った雑誌『ビルボード』は、同誌史上初めてメンバー別と集合写真の8パターンのカバーで発売し、まもなく完売した。1年後の2019年。K-POPのガールズグループが計5種類の表紙で『ビルボード』誌に登場すると、SNSには「『ビルボード』誌からガールズグループが表紙の号の購入勧誘メールが届く」というARMYの苦情が相次いだ。音楽市場はK-POPとファンをひとつの塊として見ている現実を表したエピソードだった。

K-POPにたいする偏見からBTSを守り、アーティストとしての独自性と真摯さをアピールすべく、ファンはメディアが使う「K-POPボーイズバンド」という枕詞を問題視し続けた。「K-POP」という言葉を外し、「ボーイズバンド」ではなく「グループ」と呼んでほしいというファンの要求は、偏見をなくしBTSの音楽に真剣に耳を傾けてほしいという気持ちの表れだろう。その結果、現在欧米のメディアでは「K-POP」や「コリアン」という表現は消え、「BTS」だけで説明されるケースが増えている。ファンが声を上げ、時には議論した成果だ。

　ハッシュタグで投票を行い、アルバムを買ってオンラインとオフラインで宣伝活動をするARMYたち。ファンがここまで音楽産業に介入することについて、やや不満に感じる人もいるかもしれない。しかしBTSをはじめ、アンダードッグ[*11]から出発した人たちは、記録を打ち立ててニュース価値を生み出さない限り、メインストリームから注目されるのは難しい。ファンがBTSをメインストリームのアーティストにしようとする理由は、メジャーになれば、彼らの本質的であ

---

*11 (原注) 社会で権力や資本を持てず、階層または競争構造においてもっとも弱い状態にある人々。

る「音楽」をより多くの人に聴いてもらえるようになるから
だ。ファンがBTSのニュース価値と資本的な価値を向上さ
せたおかげで、2019年現在、米音楽誌『ローリング・ストー
ン』や米音楽サイト『ピッチフォーク』などの影響力がある
媒体で、彼らの音楽を真摯に批評する雰囲気が生まれた。今、
欧米のメディアはBTSをグローバルスター、さらに「ポッ
プの王子たち（Princes of Pop）」と呼ぶこともある。

　ただ、実際の状況をよく見ると、欧米社会のメインスト
リームでは、彼らは依然として人種的・文化的偏見の対象
だ。アルバム『MAP OF THE SOUL : PERSONA』がビ
ルボード200で3度目の1位に輝いた時、アメリカのあるテレ
ビニュースは、「結局この音楽も『江南スタイル』と同じよ
うな音楽ではないか」と揶揄した。また、『ニューヨーク・
タイムズ』は、彼らのアルバムが記録的に売れているのは、
4つのバージョンでリリースする「小賢しい」マーケティン
グのためだというニュアンスの記事を書いた。アルバムやツ
アーチケット、グッズをバンドル販売する欧米のアーティス
トにたいしては、沈黙を保っているにもかかわらず、だ。

　推しのアーティストをひたすら支持するファンの行動を
「人為的な音楽産業によるもの」とか、「無限の競争に染まっ

た世相」と決めつけるのは正しくない。自分たちでも気づか
ぬうちに、業界内部の偏見を壊して流れを変えるのもまた、
ファンであるからだ。ARMYがオンとオフを問わずあらゆ
る方法で行うBTS宣伝活動について、彼／彼女たちの間で
は「アルバムをリリースさえしてくれれば、後はわたしたち
に任せて」というジョークがあるほどだ。このように体系的
で情熱的なARMYの活動を、羨ましく思う欧米のメジャー
なアーティストもいる。ある人は、こういった。「ファンは、
もっとも情熱的に、しかも無報酬でプロモーションをする存
在だ」と。情熱に加え組織力も備えたARMYは、音楽関係
者を感動させた。現在BTSが欧米で広く知られている背景
に、無報酬のプロモーター ARMYの功績があるのは否定で
きない事実なのだ。

BTSとARMY

4

多様性の
ファンダム

―――

わたしたちは連帯する

「ファン」とは何かにたいしてマニアックな情熱を持った人を指し、「ファンダム」とはそのようなマニアックな情熱を共有する人の集団を意味する。推している対象を読み解けば、そのファンダムが分かちあう社会的・文化的価値が浮かび上がる。たとえば、1980年初めにマドンナがランジェリーのような衣装に十字架をモチーフにしたアクセサリーをつけた時、マドンナが見せる「貞淑な女性像の破壊」にファンが熱狂する現象が起きた。都会、ヒスパニック、そして若い女性。このファンダムの構成は、すなわちマドンナが代弁する文化的・社会的価値の「アイデンティティ」だといえる。カントリーミュージックはアメリカの地方の政治的に保守的な階層、ハードロックとヘヴィメタルは反骨精神に満ちた若い男性というように、ファンダムはある程度ハビトゥス[*1]によって分類される。

　K-POPファンダムを構成する人の特徴といえば、「若い10代の女性」が最初に挙げられるだろう。イケメンの若い男性メンバーが甘い愛を歌い、ファンに恋愛にたいする幻想を与え、魅力をアピールする。これが、世間がK-POPに抱く典型的なイメージだからだ（もちろん、ガールズグループも存在するが、K-POPの中心は男性アイ[*2]

*1 （原注）特定の環境によって無意識のうちに形成された傾向を意味する言葉。教育を通じて受け継がれ、特定の階層を文化的・資本的に結びつける。フランスの社会学者・哲学者のピエール・ブルデューによる概念。

ドルグループだ）。しかし、このようなステレオタイプは、BTSが登場して以来打破されつつある。BTSのファンダムについてファンが自ら説明する時、決まってこんな風にいう。「BTSは年齢、人種、性別の枠を超えて愛されるアーティストである」と。実際に2019年の北米ツアーに参加したあるヒップホップ専門記者は、「自分がこれまでいったすべてのヒップホップのコンサートよりもBTSの公演に来た観客たちが多様性に満ちていた」と、驚きを隠さなかった。黒人、白人、アジア系、LGBTQ、ミドルエイジの人々など、幅広い人種と属性で構成されたファンを目にしたのは初めてだったという。どんな階層に属している人でもBTSを好きになる理由がそれぞれあり、ARMYはこのすべての属性を包み込む。ARMYというファンダムの最大の長所は包容力としなやかさだということは、ファンダムについての統計にも表れている。

＊2 （編集部注）2021年現在、男女問わず、K-POPグループの活躍が続いている。BLACKPINK、TWICEなどのグループも世界を拠点に活躍している。「ガールクラッシュ」といった、女性を魅了する女性という概念も広まっており、ガールズグループの存在も見逃せない。

ミドル世代や男性のファンの可視化

　韓国のポータルサイトにBTS関連記事が掲載されると、わたしはすぐにあるデータをチェックする。それは、コメントを書いた人の年齢と性別の分布図だ。いつからか、BTSについての記事のコメント欄は40代と30代の女性が占める割合が一番多くなった。もちろんこれだけを見て「BTSファンダムの主な年齢層がミドルエイジだ」と断定はできない。もっと若いファンは、ポータルサイトではなく、その他の芸能関係のインターネットコミュニティを活用するからだ。ただ、他のアイドルグループの記事にコメントするのが主に10代と20代の女性であることと比べると、BTSの記事に書き込みを残す年齢層が珍しいケースなのは明らかだ。

　BTSのファンダムは、10代から40代まで比較的まんべんなく分布している。なかでもファンのTwitterでは、ミドルエイジの女性たちが子どもや夫、職場の後輩や新人について語っているのを見かける。ファンである娘の影響で自分もARMYになった人、あるいは娘は別のグループのファンで自分はARMYなのでライバル関係だという人、毎日BTSの

曲を流していたら夫も歌を覚えたという人、BTSのために
Twitterのアカウントを生まれて初めて作った人、新入社員
のデスクの上にBTSグッズがあって互いにカミングアウト
して会社生活が楽しくなった人。

　ミドルエイジのファンがBTSから受ける印象を表すキー
ワードとして、「善良な影響力」「尊敬できる」「情熱」など
が並ぶ。彼女たちになぜARMYになったのかたずねると、
さまざまな答えが存在するなかで、ひとつだけ共通している
ものがある。「無気力で疲れた生活を、BTSが癒やしてくれ
る」というのだ。「EPILOGUE : Young Forever」のような
歌を聴きながらはかない青春の日々を思い出して泣いたファ
ンもいれば、メンバーを見ながら自分の子どもも正しく思い
やりある人に育ってほしいと願うファンもいる。BTSを好
きになり、初めて思春期真っただなかの自分の子どもと心を
開いて語り合ったというエピソードを読むと、BTSには世
代を超えた共感を呼ぶ役割があるのだと感じる。

　韓国でも世界の他の地域と同じように、K-POPは「若い
10代の女性たちの文化」という先入観がある。アイドルの
ファンをメディアがカメラで映すのも、このような先入観を
煽っている。コンサート会場に前夜からずっと並んでいた
り、テレビ局でアイドルの出待ちをしていたりするファン

を捉えるカメラには、「親はあなたたちの行動を知っているのか」という視線が込められている。韓国以外でも同様だ。「コンサートを見に行きたいけれど自分の年齢が高すぎて若いファンの間で浮いてしまうかもしれない」「他人に悪口をいわれそうで自信がない」というツイートには、何百もの年配ファンのリプライがある。60代の元看護師、3人の子どもの母親、20代の娘とともにBTSのファンという50代の女性。彼女たちは「BTSが人生に希望と幸せをもたらした」と口をそろえる。

　いまだに欧米では、BTSのファンだと明かすことが冷やかしの対象となったり、珍しい趣味だと思われたりする傾向がある。そんななか、「#ProudBTSArmy」や「#NoonaSquad」などのハッシュタグで自分の年齢や職業とともにARMYであることを公言する外国のファンの行動は、それ自体が「壁を超える」ファンとしてのアイデンティティ宣言といえるだろう。アメリカの芸能専門メディア『ポップクラッシュ (PopCrush)』が2018年と2019年のBTSのツアーチケット販売状況を比較分析した結果によると、18〜24歳の女性ファンの割合が49％から36％に減少し、その分年上の女性が増えたことが分かった。ミドルエイジのファンは、時が経つにつれて加速度的に増加している。

Big Hitのパン・シヒョク代表は、「他のファンダムに比べ、BTSは男性が比較的多いほうだ」と述べたことがある。韓国には男性優位で知られるインターネットコミュニティがあるが、そこで男性のアイドルグループにたいする支持を明かす人はごくまれだ。だが、BTSは男性優位のコミュニティで、例外的に認められた希少なアイドルだ。海外で挙げた成果によって、BTSは国家代表に準ずる地位を得たという暗黙の了解があるからだ。いわゆる「パスニ」という蔑称で呼ばれるファンダムを軽視する姿勢は相変わらずだが、世界最大の音楽市場であるアメリカのビルボードでトップに立ったアーティストには、例外的な待遇をするという側面がある。これは、世界に韓国人の優秀さをしめした国家代表にたいして好意的な視線が向けられる「民族主義的」な特別待遇に近いといえる。

　純粋な男性ファンは、むしろ外国に多く存在する。Twitterで「BTSFanboy」という名前で活動するあるファンは、メキシコで生まれ、今は米国在住の18歳[*3]の男性だ。彼によると、BTSのファンには男性であることを公表していない

*3　（編集部注）当該アカウントでのツイート時の年齢。現在アカウントは凍結されている。

人も多く、一般的なK-POPグループよりも男性の比率は圧倒的に高い。実際にBTSのツイートにコメントしたりリツイートしたりするアカウントの男女比は6：4と、男性もかなり多い。男性がボーイズグループのファンにならない理由は、女性ファンを念頭に置いた「愛嬌（エギョ）[*4]」のような退行的ジェスチャーや、「カッコいいふり」に拒否感を抱くためだが、BTSFanboyは彼がBTSファンになった理由を、「メンバーたちの自然で謙遜した姿に人間的な魅力を感じ、友だちのような印象を受けたから」と説明する。彼はBTSFanboyという名前のファンアカウントだけでなく、実名のSNSでもBTSファンである事実を隠さない。ただ、興味深いのは、彼をはじめ男性がBTSのファンだと明かすと、「すごい、カッコいい」とポジティブな反応があるが、女性のファンにたいしては「また12歳のパスニか」と蔑まれてしまうことだ。同性である男性のファンは希少であるがために脚光を浴びるが、女性ファンは依然として見下される雰囲気がある。

　ここで再びアイドルファンにたいする社会的な視線の成り立ちを感じることができる。ファンはアイドルのカッコいい容姿にのみ熱狂する若い女性たちであり、良い音楽を判別す

*4（編集部注）子どものようなかわいらしいポーズをとること。

るセンスに欠け、アイドル音楽産業の資本主義的計略に搾取される愚かな生(い)け贄(にえ)にすぎない──。このような偏見は、音楽とその消費者を同時に卑下する態度の表れだ。そしてこの偏見は、明らかに社会全般を覆う「ミソジニー（Misogyny、女性嫌悪）」に根ざしている。

　女性、特に年下の女性の趣味を公然と蔑む態度は、韓国社会だけでなく世界的に広まっている。韓国では、プレミアリーグの試合を見るために数百万ウォンを投じて競技場めぐりをする男性のサッカーファンを「趣味が低俗だ」と非難することはないだろう。だが、アイドルファンが海外公演を見るために外国へ行くと、「分別がなく愚かだ」という人がいる。性別や年齢によって趣味のレベルを決めつけるのは、おかしな話だ。アメリカのメディアがザ・ビートルズを「洗練されていない音楽だ」と軽視した当時、ザ・ビートルズファンの多くは10代の女性たちだった。BTSのファンダムに男性と中高年の女性が多いという事実は、たんにBTSの幅広い人気を証明するだけでなく、「アイドルファン文化は10代と女性のものだ」とみなして卑下する社会の偏見にたいし、ファンひとり一人による小さな挑戦が進んでいる確かな証拠といえるだろう。

ＬＧＢＴＱコミュニティで

　K-POPがYouTubeで世界に広まり始めた2000年代半ば、ブームをけん引したコンテンツのひとつが、ミュージックビデオの感想をYouTubeに動画でアップする「リアクションビデオ」だった。華やかで時代の最先端を行くK-POPのミュージックビデオを見たさまざまな人のリアクションビデオは、それ自体がK-POPファンを増やすきっかけとなった。欧米的な男性性とは異なり、スリムな身体にスタイリッシュな服をまとい驚くほどダンスが上手なK-POPアイドル。彼らに無限の好感を抱いてリアクションビデオを作るようになった代表的な集団のひとつが、ゲイコミュニティだった。彼らは、自分たちの好みを代弁するサブカルチャーとして、K-POPを消費し始めた。

　では、BTSのファンダムのゲイコミュニティも、このようなサブカルチャー志向の流れを継ぐものなのか。LGBTQコミュニティがBTSに好感をしめしたのは、BTSメンバーのクィアにたいする姿勢がきっかけだった。メンバーは、性的マイノリティとしてのアイデンティティを持つ他のアーティ

ストの音楽をためらうことなく紹介してきた。デビュー前の
2013年、RMはヒップホップデュオのマックルモア＆ライア
ン・ルイスの「SAME LOVE」について、次のようなコメン
トをTwitterに残した。「同性愛に関する曲。歌詞を知らず
に聴いてもいいけど、歌詞を読んで聴くと2倍いい歌」。アイ
ドル歌手がいわゆる「ゲイ・アンセム（gay anthem）[*5]」といえ
る曲を薦めたこのコメントに、LGBTQコミュニティは熱い
反応を見せた。『ビルボード』誌は、インタビュー[*6]でこのメッ
セージを取り上げ、RMにクィアにたいする考えをたずねた。
RMは「愛はすべて同じ」だといい、SUGAは「何も間違っ
ていない。誰もが平等だ」と述べ、一歩進んだ認識をしめした。

　BTSの存在自体がLGBTQコミュニティの癒やしとな
り始めたのは、『LOVE YOURSELF』シリーズの頃から
だ。「完璧じゃなくても大丈夫、美しい」という『LOVE
YOURSELF』のメッセージ。（人種、年齢、宗教とともに）「ジェ
ンダーアイデンティティ」を取り上げ、そのような区分に左
右されず「自分について堂々と声を上げるべきだ」と語っ

＊5　（訳注）LGBTコミュニティで広く愛唱される歌。内面の強さや、プライ
　　　ドなどを歌う曲が多い。
＊6　（訳注）：https://www.billboard.com/articles/news/bts/8099577/bts-inter
　　　view-billboard-cover-story-2018 ※2021年1月15日閲覧。

た国連でのスピーチ。彼らの言葉は世代と人種を超えて多くの人に癒やしを与えたが、もっとも深く受け入れたのがLGBTQのファンたちだった。他人とは異なるという理由から、自らのアイデンティティを隠してきたLGBTQのファンは、BTSのメッセージに力を得て、自分について語り始めた。LGBTQのARMYたちが「セルカデー（自撮りをする日）」を設けて自分の写真をSNSにアップし、一斉にアイデンティティを明かしたこともある。LGBTQのファンは、BTSコミュニティに居場所を感じる理由を「BTSのメッセージとARMYのファンダムの包容力」と説明する。2018年に行われたワールドツアーのパリ公演では、LGBTQのファンが性的マイノリティの象徴である大きなレインボーフラッグを翻し、観客席の前方に立った。旗にはBTSへの数多くのメッセージとともに、こんな言葉が記されていた。「わたしたちが自分を愛すべき理由を教えてくれてありがとう」。コンサートの間ずっと旗に書かれたフレーズを読もうとしていたメンバーたちの姿にLGBTQファンがどんなに喜んだかは、あえていわずとも分かるだろう。

マイノリティの共感

　2000年代半ばに海外に急速に広まり始めたK-POPは、韓国での人気をベースに、韓国ドラマや韓国文化にすでに親しんでいたアジアや南米、アラブ圏などで、国際的なファンダムを育てていった。しかし、イギリス、フランス、ドイツなどヨーロッパの主要国や北米などでは、マニア（geek）向けのサブカルチャーと捉えられていた。

　一方、BTSの海外ファンダムの歩みは、少し異なる。韓国でトップアイドルとしての地位を固める以前に、インターネットを通じて、従来のK-POPファンに加え新たなファン層も獲得し始めたのだ。K-POPになじみがなかった欧米の音楽ファンがBTSの強力なサポーターになり、これまでのK-POPファンダムの構成を揺るがすようになった。

　もともとK-POPのファンダムが小さかった地域、なかでもアメリカで、BTSが強烈に支持されたのはなぜだろうか。いろいろな背景があるが、もっとも注目すべきは、BTSの「アンダードッグ」としての物語だ。中小芸能事務所出身で注目

を受けることがなかったデビュー当時、そして悪意のデマや攻撃が続いた時も、互いに支えあいひたすら音楽で応えてきた彼らの姿は、アンダードッグの成功神話をたたえる欧米の人々、特にアメリカ人のヒーロー像と重なった。また、米国社会でマイノリティと呼ばれる黒人、アジア系、ヒスパニック系にとって、アンダードッグというアイデンティティは、自分たちと重なって見えたのかもしれない。

　BTSが世界に飛躍し始めた2017年以降はファン層が多様化したが、初期からの熱烈なファンには黒人、アジア系、ヒスパニック系などの有色人種と、クィアのファンが際立って多い。大きな理由は、おそらく同じマイノリティとして共感したためだろう。「どん底から這い上がってきた」BTSに自らの姿を投影し、「差別的な社会で置いてきぼりにされた自分」が望みをかなえるポジティブな自己イメージを描けるようになったのだ。アイスダンスのアメリカ代表で日系アメリカ人のアレックス・シブタニも、欧米のアジア系の人々にとってBTSがいかに希望のロールモデルであるかをこのように語っている。

「BTSの影響力は世界を揺るがす。彼らが世界から認められることは、アジア系アメリカ人にとって大きな意味を持つ。彼らが米国と全世界から受け入れられる姿を見るだけで、僕

たち（アジア系アメリカ人）は、すごく励まされ力を得る[*7]」

　BTSの熱烈なサポーターとして知られる、ファッションモデルでTV番組の司会もつとめるタイラ・バンクスは、若い世代がさまざまなロールモデルを見て育つ重要性についてふれた際に、こう語った。「女の子たちがBTSに『大好き』と叫ぶのは、政治的にも社会的にも、精神的にもとてもパワフルな現象」。黒人のセレブとして芸能界で長く活動する彼女も、マイノリティとして業界に影響を及ぼす今の地位に立つまでには、つらい時間を経たに違いない。そんな彼女にとってBTSは、未来の世代にマイノリティを自然に認知させるという意味で、特別に思えたのではないか。

　これまで欧米の主要メディアでは、アジア系はあまり目立たない存在だった。PSYが「江南スタイル」で欧米の音楽界にK-POPとアジアの男性像を刻んだものの、PSYをきっかけに韓国や韓国文化を理解したり、韓国語を学ぼうとしたりする人は多くなかった。つまり、文化的に尊重できる対等なパートナーの音楽として扱われなかったのだ。ところが、

*7　（原注）Jae-Ha Kim. Go Away With...Alex and Maia Shibutani. Chicago ※2021年1月15日閲覧。

BTSがブレイクすると、壁は徐々に崩れ始めた。欧米の音楽市場でアジアを代表するアーティストとしてBTSが浮上すると同時に、他の分野でもポジティブな兆しが生まれている。2018年夏、主要キャストのほとんどがアジア系のハリウッド映画『クレイジー・リッチ！』[*8]をワーナー・ブラザースが配給。世界のボックスオフィスで2億ドル以上の収益を上げ、2010年代に公開されたロマンチックコメディでもっとも成功した作品となった。2018年11月、日系アメリカ人の有名DJ、スティーヴ・アオキは、BTSをフィーチャリングした彼の新曲「Waste It On Me」のミュージックビデオに、ケン・チョン、デヴォン青木、ジミー・ヤンなどハリウッドで活躍するアジア系スターを出演させ話題を呼んだ。BTSの世界的な躍進とともに巻き起こったこれらの現象は、「人種のるつぼ」であるにもかかわらず、依然としてアジア系が可視化されていない米国社会に一石を投じた。

*8（原注）出演者のほとんどがアジア系俳優が占める映画を、主要なハリウッドスタジオが手がけたのは、1993年の『ジョイ・ラック・クラブ』以来のこと。

黒人性についての学び

　2017年12月、ポップカルチャー批評ウェブメディア『Reappropriate』に「BTS*⁹がブラック・アメリカで評価されるまで」という記事が載った。執筆者のモニカ・ジョーンズは冒頭で、「K-POPに深刻な人種問題が存在する」と指摘する。彼女がいうK-POPに（意識的・無意識的に）内在する反黒人感情は、たとえば以下のようなものだ。ブラックカルチャーを本当に理解していない状態でブレードヘアのような黒人ラッパーのスタイルや黒人英語を真似する態度。アメリカの黒人にとって特有のヘアスタイルやアクセントは、たんなる人種的な特徴ではなく、差別と抑圧の根拠でもある。奴隷制度が存在した時代、黒人は髪を布で覆うように強制されたのである。韓国でよく「レゲエ頭」と呼ぶブレードヘアは、そんな黒人の髪質のために生まれたスタイルだ。歴史的・政治的な意味を持つ髪型を、別の人種が「クールな黒人スタイル」と真似するのは、配慮が足りない上に、無神経だ。黒人英語

*9（原注）Monique Jones. Reappropriate, http://reappropriate.co/2017/12/respect-must-be-earned-bts-journey-towards-gaining-its-stripes-in-black-america/ ※2021年1月15日閲覧。

を話すことも同様であり、真似をすれば、他者が傷つくのは明らかだ。考えてみてほしい。英語圏の人たちがアジアからの移民の英語の発音を真似するのを見たら、どんな気持ちになるだろうか。発音を面白がる裏には、英語をうまく使えない移民にたいする軽蔑と優越感がかすかに存在している。黒人特有の英語は、社会やメディアなどで、教育のレベルや教養を見下すステレオタイプな使われ方をしてきた。文化を理解せずに、「なんとなく」「面白いから」と真似するのは、無知を装った暴力に近い。

　ジョーンズはまた、K-POPの男性アイドルたちはビヨンセ、ティナーシェ、リアーナのような黒人女性アーティストが好きだというが、彼女たちのことを音楽で結ばれた仲間として好きなのか、またはエキゾチックな雰囲気を性的な対象として消費しているのか疑問だと指摘する。「アメリカの音楽に深い影響を与えているブラック・ミュージックを理解するには、文化的ルーツと社会的背景を知り、尊重する姿勢が必須だが、果たして彼らが認識しているかは多分に懐疑的だ」と。

＊10（編集部注）日本のK-POPファンダムにおいても、K-POPアイドルの日本語の発音について、嘲笑したり、「かわいい」と評したりすることがあり、ファンダム内外から指摘する声がある。

そんなジョーンズが「黒人に対する学びと試行錯誤を経た貴重なケース」と主張するのがBTSだ。BTSもバラエティ番組で黒人英語を特技のように話し、黒人の外見を真似したのは事実だ。だが、彼らはそれが過ちであることを認め、同じミスを繰り返さないように努力した。

　BTSは、「クール」なファッションだけをコピーするのではなく、ブラック・ミュージックが持つ社会的な意味を真摯に学ぼうと心がけた。ジョーンズはこのような姿勢をよく表しているのが、2014年に放送されたリアリティー番組『アメリカンハッスルライフ』*11 だと述べる。番組にはBTSがアメリカのウエスト・コーストを旅しながらヒップホップとR&Bの大物に出会い、ブラック・ミュージックの本質について知る過程が映し出されている。

　エピソードのひとつを紹介しよう。伝説のラッパー、クーリオがBTSのメンバーを前に「ラッパーがステージでいう『Turn up』の意味を知っているか？」とたずねる。メンバーたちは冗談交じりに「Let's go party？」と答えるが、クーリ

*11（訳注）日本放送時のタイトルは『防弾少年団のアメリカンハッスルライフ』。

オのこわばった顔を見て口をつぐむ。また、ヒップホップ界の大物ウォーレン・Gは、「銃を撃ち麻薬や強盗をするのはヒップホップではない」と説く。「銃を撃ち麻薬や強盗をする」というのは、ヒップホップのネガティブな面、つまり望まずともつきまとうイメージにすぎない。米国の黒人が語るヒップホップとは、いかなる人種の人がどんな言語を使ってもルーツと意味を共有するすべての人に開かれた音楽だ。スワッグや粗削りな雰囲気はヒップホップのスタイルのひとつで、決してヒップホップを代弁するものではない。

　ウォーレン・Gの言葉に、RMは次のような解釈を付けくわえた。「ヒップホップを定義するのは、愛を定義するのと似ている。世の中には数十億の愛にたいする定義があり、ヒップホップも同様だ。ヒップホップの定義は、人によってさまざまだ」

　ジョーンズが『Reappropriate』のコラムで伝えようとするのは、スタイルを真似るのではなく「自分らしくあれ」ということではないか。ヒップホップが偉大なのは、「自分自身に正直であれ」というメッセージが存在するからだ。BTSはそのメッセージをしっかりと受け止めた。アメリカの黒人コミュニティが数あるK-POPアーティストのなかでBTSを心から受け入れた理由はまさにそこにあると、ジョーンズは

説明する。

　ブラック・カルチャーをBTSが尊重していることを証明する例がもうひとつある。「Nワード」といわれる、黒人を貶める表現がある。BTSの韓国語の歌詞にこの単語と似た発音の単語があったが、アメリカでのプロモーション公演中、似たような発音の別の単語に置き換えられた。歌詞を変えるのは、単語ひとつを変えればいいのではなく、音声学的にメロディーやビートと合っているかも考慮しなければならず、実は複雑な作業である。それに、海外のファンはその単語の韓国語の意味をすでによく知っているため、オリジナルのまま歌っても誤解を招くことはない。しかし、あえて別の単語に変えたのは、相手の文化を尊重することが何よりも重要だと彼らが知っているからだろう。

知 識 階 層 の ハ ー ト も し っ か り つ か む

　興味深いツイートがある。「授業中に教授がいつもBTSの話ばかりする。ARMYの90%は、大学教授かもしれない」。

大学生と思われるユーザーの愚痴交じりのつぶやきだった。実際、大学で講義をするわたしの知人のなかにも、BTSに関心を持っている人がすごく多い。学問をする人は、つねに新たな流れや現象に着目するので、ここ数年で最先端のトレンドとなったBTSに関心を寄せるのは、一見当然のように見える。しかし、学者たちが惹かれているのは、BTSがもたらす現象だけでなく、BTSのコンテンツそのものだ。BTSが生み出すコンテンツに盛り込まれた人文学的・美学的なレファレンスに興味をかきたてられるのだ。

　米メリアム・ウェブスター辞典は2018年、「今年もっとも検索された単語」の4位に「Epiphany」を選んだ。キリスト教で東方の三博士がイエスの誕生を目撃したこと（つまり神が現世に現れるのを目撃したこと）を指すこの言葉は、永遠にたいする悟りや洞察と向き合う瞬間を意味する。例年この単語は、クリスマスの後から翌年1月にかけてよく検索される。ところが、この年は8月に検索数が突然増加した。不思議に思ったメリアム・ウェブスターは、調査の結果、その時期リリースされたBTSのニューアルバムに「Epiphany」という曲が収録されていたと知った。

　BTSの歌にはポピュラー音楽としては珍しいタイトル

のものが多い。先端科学技術分野で「特異点」を指す「Singularity(シンギュラリティ)」や、極上の幸せを意味する「Euphoria(ユーフォリア)」、超現実主義の芸術思潮によくみられる概念で日常的なものが初めて見たように感じられる状態を表す「Jamais Vu(ジャメヴ)」。BTSは曲のタイトルで言語の勉強をさせるというジョークがあるほどだ。「Singularity」がリリースされた時、ファンによってSNSでこの単語がトレンド入りし、多くの科学者が興味をしめした。自分たちが知らない新しい技術的な大変動が起きたのかとクリックしたら、BTSの歌のタイトルで驚いたという。

2019年にリリースしたアルバム『MAP OF THE SOUL : PERSONA』は、心理学者のカール・ユングについての学術書『ユング 心の地図(Jung's MAP of the Soul: An Introduction)』[*12]のタイトルの一部を用いている。同書を著したマレイ・スタイン博士は、BTSの曲に含まれるユング心理学のポイントを補足した改訂版を出した。他にもスタイン博士は、ユングの「ペルソナ」の概念についてファンに語ったり、オンラインでBTSを叩く人たちに彼らの音楽が同時代に響く理由を[*13]

＊12 (訳注)日本語版は入江良平訳、青土社。
＊13 (原注)アルバムの世界観を知りたいファンのために、発売前にBig Hitのサイトでこの本が販売された。

説いたりするなど、積極的に活動している。

　BTSの音楽とミュージックビデオには、特に文学をモチーフにした作品が多い。「Spring Day」のミュージックビデオは、SF小説家アーシュラ・K・ル=グウィンの短編「オメラスを歩み去る人々 (The Ones Who Walk Away from Omelas)」がモチーフ。アルバム『WINGS』に収録されている曲の多くは、ヘルマン・ヘッセの『デミアン (Demian: Die Geschichte von Emil Sinclairs Jugend)』をオマージュしている。また、「Not Today」の歌詞は、「飛べないなら走れ。走れないなら歩け。歩けないなら這っていけ。いずれにせよ、前進するのだ」という、黒人の公民権運動の指導者マーティン・ルーサー・キング・ジュニア牧師の有名な演説を引用している。

　このように文学的な要素を含み、かつ効果的に活用するBTSには、著名な作家のファンも多い。ブラジルの作詞家・小説家のパウロ・コエーリョもそのひとりだ。コエーリョは、新刊『ヒッピー (Hippie)』が出版された時、エージェントをつとめる韓国の出版社を通じて、BTSメンバー全員に

＊14（訳注）短編集『風の十二方位』(小尾芙佐・他訳、早川書房) に収録。
＊15（編集部注）2018年にブラジルで出版。未邦訳。

1冊ずつ本を贈ったほどだ。アーティストに有名人のファンがいるのは、よくある話だ。誰かのファンであることを公言するのは、自己PRにも役立つ面があるからだ。そんななか、特にBTSのファンには、学者や作家をはじめ著名な知識人が多い。彼らの共通点は、何かを分析する習性がある人たちだということ。社会的・文化的なメタファーを多用することや、ひとつのストーリーを何年もかけて紡いでいくBTS Universe（BU）の企画力。これらすべてが、知識人の好奇心を刺激する要素を備えている。また、BTSが示唆する世界を変革する可能性は、学者たちが抱く理想郷にも重なる。アジアン、ボーイズバンド、非英語圏のアーティスト。マイノリティとしての性格をほぼすべてそろえたようなBTSがファンの熱狂的な草の根サポートによってメインストリームに浮上した「事件」は、たんなるエンターテインメント産業のニュースというレベルを超え、学問を追究する人々の理想主義を刺激する。BTSの疾走が続く限り、多くの知識人が彼らに熱い関心を寄せるに違いない。

5 |

言葉の壁を
飛び越えて

———

わたしたちは連帯する

「JUNG KOOKヒョンだよ。健康に気をつけて、ファイティン！」

　BTSの末っ子メンバーJUNG KOOKがこの短いツイートをした日、Twitterを見たARMYたちは、大興奮だった。所属事務所の後輩グループTOMORROW X TOGETHER（以下、TXT）のデビューを祝うメッセージ。何よりもARMYをわくわくさせたのは「JUNG KOOKヒョン」という表現だ。

　デビューから7年間、先輩とファンの愛情を独り占めにしてきた一番年下のJUNG KOOKが、自分のことを「兄貴」を意味する「ヒョン」と呼ぶのは、ファンにとって感慨深いことだったのだ。事実、「JUNG KOOKヒョン」のハングルと英語表記が、世界中のTwitterのトレンドを席巻した。「JUNG KOOKヒョン」は、すぐに海外の芸能メディアで報道される。米エンターテインメントニュースの『ハリウッド・ライフ』とイギリスの新聞『メトロ』は、「TXTのデビューによって、JUNG KOOKが公式的に『ヒョン』になった」と伝えた。「ヒョン」という韓国語の発音がそのまま使われたのはもちろん、記事には韓国語の単語を知らない人たちに向けた「ヒョン」[1]という言葉が持つ意味についても詳しく説明されていた。だが、そんな説明はもはや世界のARMYには必要ない。なぜなら、ARMYは国籍を問わず、「ヒョン」「マンネ」[2]「オッパ」[3]

＊1　（訳注）ヒョンは、弟の兄に対する呼称。親しい男同士の先輩にも使われる。

「*4ヌナ」「*5オンニ」「*6アジュンマ」など、韓国式の呼称をあたりまえのように使う人たちだから。これらの単語を知らないと、会話が成立しないほどだ。

この他にファンダムがよく使う言葉には、「*7ファイティン」や「カムバック」「セルカ（自撮り）」などがある。「ファイティン（fighting）」は韓国式英語で、英語圏ではなじみのない言葉だ。アーティストが新しいアルバムをリリースし活動をスタートするという意味の「カムバック」も、英語圏で広く通用する表現ではない。「活動期」と「休息期」そして「カムバック」という概念を生んだのは*8ソ・テジで、韓国の芸能界の慣習に由来する言葉だ。

また、ひとつの現象について、各国のファンが言葉の表現を交

＊2 （訳注）末っ子を指す韓国語。
＊3 （訳注）血縁に限らず、女性が年上の男性にたいして親しみを込めて使う呼称。
＊4 （訳注）血縁に限らず、男性が年上の女性にたいして親しみを込めて使う呼称。
＊5 （訳注）血縁に限らず、女性が年上の女性にたいして親しみを込めて使う呼称。
＊6 （訳注）ミドルエイジの女性、主に既婚女性にたいする呼称。
＊7 （訳注）日本の「ファイト」と同義で「がんばれ」の意味。
＊8 （訳注）活動をするためにはしばらく休むことが必要というポリシーを持っていた。

換して使う様子もよく見る。たとえば韓国で何かにたいして発言してスッキリした気持ちになることを「サイダー」というが、英語圏では同じ状況を「sip tea（お茶を飲む）」と表現する。BTSメンバーや韓国のARMYが「サイダー」という単語をよく使うのを見ていた海外のARMYは、「サイダー」を真似て、スッキリした気分の時に「スプライト」というようになった。

欧米優位の言語秩序を揺るがす

　もちろん、世界のファンが韓国語式の表現を使うように
なったからといって、「言語の交差が活発になった」とか、「英
語優位の言語の階層がひっくり返った」というのは難しい。
ARMYファンダムの言語文化でもっとも注目すべきは、主
流言語と非主流言語の使用者が感じる立場と感情が逆転した
ことだ。これをもう少し分かりやすく説明するために、わた
しの個人的なエピソードをお話ししよう。

　幼い頃、父の仕事でアメリカ・イリノイ州に1〜2年ほど
住んだことがある。小学4年生を終えたばかりのわたしは、
アルファベットも知らないまま米国に来た。今韓国では幼稚
園から英語を教えるというが、約30年前にはアルファベット
は中学校で初めて学ぶのが普通だった。わたしが住んでいた
アーバナという街には大きな大学があり、父のように大学教
授や研究者の韓国人一家が多く、子どもたちと韓国語でのび
のびと遊んだが、学校では違った。わたしは押し黙ったまま

*9　（訳注）複数の言語を混ぜて使うこと。

だった。特に悪夢だったのは、給食の時間だ。英語ができないことを知っていて、いじめる子がいたのだ（今も昔も子どものほうが残酷だ）。デザートにおいしいものが出ると、「これ食べる？　食べない？　好きじゃないよね？」とわたしが間違って答えるまで肯定文と否定文を混ぜてたずねられ、わたしは何度もデザートを取られてしまった。英語は韓国語と異なり、「好きじゃないの？」と聞かれて、「いいえ」と答えたらダメ。英語で「いいえ」は、すなわち「好きじゃない」、つまり「嫌い」という答えになる。それを知らないわたしは、いつもデザートを取られてしまったのだ。給食の間ずっと誰もわたしに近づかず、たまに来るのは、冷やかしてデザートを奪っていく子だけだった。

　そんなある日。ひとりでランチを食べるわたしに、2、3人のクラスメイトが近づいてきた。「今日もまた始まった」と思っていたら、にっこりしながら何かを差し出した。きれいな赤いハート形のステッカーだった。「わたしにくれるの？」とたずね、身振り手振りコミュケーションをとり、ようやく理解したのは、「ステッカーを買わないか？」ということだった。悩んだ末、もしかしたらこれが友情の始まりになるかもと思い、ステッカーを買った。問題は数時間後に起きた。担任の先生が宿題に「よくできました」と貼るステッカーが消えたというのだ。そのステッカーこそが、自分がクラスメイ

トから買ったステッカーのことだと知らずにノートに貼ろうとすると、みんなの視線が一斉にわたしに注がれた。息が詰まるような静けさが続いた。なぜそのステッカーを買うことになったのか、わたしは一生懸命友だちに説明した。黒人の友だちは、わたしの手を握って担任の先生のところへ行った。一部始終を聞いた先生は、わたしをじっと見て（おそらく）こういった。「君のいったことはよく分かった。でも、この件はなかったことにしよう」。ああ、この先生はわたしを信じないんだ。わたしを救う気はまったくないんだ。運がなかった。そう思うことにしよう。

　少しでも外国に住んだことがある人なら、こうした外国語の壁にぶち当たることがあるだろう。大学院に留学するために再びアメリカに渡った時も、同じような気分を味わった。ディスカッションに参加するのが必須の授業で、わたしは頭のなかで完璧な文章を作ることに時間を費やした。英語で話しながらも次に発する言葉を整理できるというのは、英語ネイティブでない限り幻想にすぎない。わたしが何時間もかけて考えた文章を、たった一言返すだけで授業が終わることもしばしばだった。英語がネイティブの人たちは、楽しそうに授業に参加していた。「韓国語で討論したら負けないのに」と心でつぶやきながら、英語の壁の前でわたしは無力だった。

BTSの海外ファンを観察しながら、興味深いと思ったのは、上記のような言葉の壁による挫折の構図が逆転していることだ。公式プロモーションビデオやNAVER が運営するアプリV LIVEの「Run BTS! (走れバンタン)」のようないくつかを除き、ほとんどのBTS関連コンテンツには英語字幕*10がない。もちろんすぐにファンが翻訳して字幕をつけるが、待ちきれないファンの本音を象徴するこんな言葉まで流行したほどだ。

"I don't understand but I love it
(意味は分からないけど、とにかく大好き) "

　BTSのメンバーがV LIVEで1時間近いライブ配信をすると、外国のファンは、何をいっているのか分からないまま視聴し続けなければならない。ライブ配信のように長いコンテンツは、きちんとした字幕がつくまでタイムラグがあることもある。BTSの所属事務所は、アルバムやコンサートについての告知のほとんどを韓国時間 (KST) で午前0時にするため、外国のファンの間では、事務所名のBig Hitをもじり「twelve

*10 (訳注) 2021年1月現在、V LIVEやWeverseなどで配信されるコンテンツの多くに、英語、日本語、スペイン語、ヒンディー語などの字幕がついている。

hit phobia（12時ピッタリ恐怖症）」というジョークが広まった。韓国のファンは一日の終わりにリラックスしながら告知を受け止めることができるが、韓国時間の午前0時は、忙しい朝の時間を迎えていたり、会社や学校で過ごしていたりする外国のファンには過酷な時間帯だ。だが、仕方ない。韓国で活動し韓国語で歌うアーティストのファンであれば、これらを受け入れるしかない。数百万人の外国ファンは、携帯電話に韓国時間（KST）を設定し、いつでもチェックできるようにしている。海外でBTSのファンになることは、待ち時間のもどかしさや日常のバイオリズムの変化に耐えることを意味するのだ。

　言語の優位性や時差が原因で推しへの立場や感情がひっくり返る様子を見守りながら、わたしはこの現象の裏でさらに意味ある変化が起きている事実に注目した。

　アメリカの教育者でBTSのファンでもあるラフランズ・デービスは、『ミディアム』[11]に投稿した「あるK-POPグループがわたしを壁の向こうに導いた理由」[12]という文章で、次の

*11（訳注）日本のプラットフォーム「note」の欧米版のようなもの。
*12（原注）https://medium.com/@rafranzdavis/how-a-kpop-band-pushed-me-beyond-barriers-92d9db36db17　※2021年1月15日閲覧。

ように語っている。

　仕事で世界中の教育者たちと交流したが、彼らの母国語で
会話をしようと思ったことは一度もなかった。英語が分から
ない学生を教えた時には、できるだけ相手の言葉でコミュニ
ケーションを図ろうともしたが、流ちょうに話す必要性は
まったく感じていなかった。彼らが英語を学び、いつかわた
しと英語で「きちんと」対話ができるようになると信じてい
たからだ。(中略)BTSの音楽と彼らの歌を聴いて理解したい
と思う自分の姿に、初めてわが身を哲学的に省みることがで
きた。(中略)わたしたちすべてのなかに、壁と偏見が存在する。
誰かがそんな壁にぶち当たったら、わたしがBTSに出会い
変わったのと同じように、その壁を乗り越えてほしいと願う。

　第一世界の市民として、文化的に優越した立場の人々は、[*13]
BTSの熱烈なファンになった瞬間、戸惑い自分を振り返る。
また、国を問わずBTSファンの沼に深く入った人たちは、「アイ
ドルグループの曲の歌詞で泣いたのは初めて」と口をそ
ろえていう。楽しむつもりでBTSのミュージックビデオを
見ていた外国ファンが、翻訳された歌詞を読んで嗚咽する

*13 (訳注) 冷戦後の西側諸国を指す。

YouTubeのリアクション動画を見ると、世界がひとつになるのは難しいことではないとさえ思えてくる。

　BTSのファンがどんなに一生懸命スピーディーに訳したとしても、瞬間的にコミュニケーションができないもどかしさ、そして韓国語文化圏で育った人だけが理解できる「翻訳の空白」は、もちろん存在する。文化の違いから生まれる葛藤もある。しかし、文化と文化が感情の糸で結ばれた時の感動。さらに世界秩序のなかで与えられた優位性を放棄して、非主流のカルチャーを快く受け入れようとしているメインストリームの文化圏のファンたちの姿勢に、わたしは希望のない世界に吹きこむ清々しい一陣の風を感じている。

母国語は違っても
「ハングル・デー」でつながる

「BTSのメンバーが話す言葉をすぐに理解したい」「細かいニュアンスが分からずもどかしい」。そんな気持ちから、海外のファンたちはハングルを習い始める。教材を購入したり、アプリやインターネットで学んだりする海外のファンは、か

なり多い。2018年10月9日の「ハングルの日」、Twitterで海外のARMYによる特別なハッシュタグが話題となった。「#감사합니다 (カムサハムニダ、ありがとうの意)」と書かれたハッシュタグのツイートには、外国のファンが心を込めて書いたハングルの手紙の写真が添えられていた。そこには大好きなBTSの歌詞が記されていた。

「もう自分を許そう　捨てるには僕らの人生はまだ長い」
「昨日の僕、今日の僕　欠かさず残さずすべてが僕」
「輝く僕、大切な僕　やっと気づいた。ちょっと足りないところがあっても、とても美しいと」
「何度でも繰り返してみるよ　倒れても僕は大丈夫」
「日が昇る前の夜明けが一番暗いから」

　韓国のアーティストを愛する外国ファンがハングルの日に「ハングルで手紙を書いた」という事実は、韓国のマスコミにとってたまらなく魅力的なネタだった。この日、韓国メディアは海外に韓国の文化と韓国語を伝えるBTSの「影響力」について、一日中記事を配信した。読者の反応も「愛国心を感じる」「BTSが誇らしい」とポジティブなものがほとんどだ。

＊14（訳注）ハングルのもととなった訓民正音の公布を記念した日。

それは当然だろう。世界のなかできわめて少ない人が使う辺境の言語の文字であるハングルを、外国人がアーティストにインスパイアされて学ぶ姿は、韓国人のなかに潜む民族主義的な感受性を満足させるのに十分だった。メディアも読者も、ハングルの優秀さを世界に知らしめたのを喜んでいるようにも見えた。いわゆる「ポップナショナリズム」だ。[*15]

しかし、かなり長い間ファンダムを観察してきたわたしの目に映った海外ファンの感情は、少し異なる。ARMYがハングルを愛するのは、推しのアーティストの国の文化を無分別に崇めているからではない。それよりも、言語の境界を超えて疎通する奇跡的な機会を与えてくれたBTSという存在にたいする感謝のほうが大きいと感じた。BTSが英語でなく韓国語で歌うことについて一部の専門家たちは「欧米の音楽市場でのインパクトが下がる」と憂慮するにもかかわらず、ARMYのなかには「韓国語のままがいい」という人も多い。海外のARMYに「もっとも強く印象を受けたことは？」とたずねると、かなり多くの人がこう答える。「彼らが何の話をしているのか、韓国語がまったく分からないにもかかわらず、なんとなく理解できるような気がした。とても

*15（訳注）ポピュラーカルチャーを愛国心と結びつけること。

神秘的な経験だった」。外国ファンにとっては、見慣れぬ肌の色で聞きなれない言葉を話すアーティスト、BTS。「神秘的な経験」というのは、ロマンチックな気持ちが招くたんなる幻想かもしれない。しかし、言語がコミュニケーションを分断したのは、文明化の結果にすぎない。もともと人間は、言語（verbal）より非言語（non-verbal）レベルで深く疎通する存在なのだ。海外のファンがハングルを書いてBTSにメッセージを送ったのは、自分たちに感動を与えてくれたBTSが使う言語、つまりハングル文化にたいする、お礼の気持ちの表れなのだ。

　規範化された文明の境界を超え、極東の韓国から外国のファンに伝わったのは、ハングルで書かれた歌詞ではなく、言葉が持つ「本質」そのものかもしれない。それを説明する感動的なエピソードを紹介しよう。

　　＊16
　視覚障害者少女のシティ・フィールド公演鑑賞記

　バロニア・リンホンは、妹と一緒にニューヨークのシ

＊16（原注）バロニア・リンホンが書いた"Speak Love Not English"から抜粋・構成したもの。

ティ・フィールド・スタジアムで開かれたBTSの『BTS WORLD TOUR 'LOVE YOURSELF'』公演に行った。10代の妹は、BTSの大ファン。彼女は視覚障害者だ。バロニアは、BTSのダンスも笑顔も見えない妹がなぜ彼らに熱狂するのか、よく理解できなかった。誕生日にチケットをプレゼントしても、コンサートを楽しめないのではないかと最初は心配した。しかし、公演の幕が上がるとすぐに、杞憂だったと気づいた。BTSのことをよく知らなかったバロニアにとって、もっとも印象的だったのは、リーダーのRMがマイクを握ってこう語った時だった。

「自分自身を愛することについて、僕は何も知りませんでした。皆さんが教えてくれたんです。皆さんのまなざし、愛、ツイート、手紙、そして皆さんのすべてが、自分自身を愛するようにインスピレーションを与えてくれました。これからは皆さんが僕たちを利用してください。僕たちを利用して、皆さんが自身を愛することができるように願っています」

　その言葉を聞いたバロニアの目に涙があふれた。その瞬間、数千の開かれた心が輝き、シティ・フィールド・スタジアムを海のように満たしたのを感じたからだ。彼女が光

る海で見たのは、ファンとBTSが互いに感謝し理解しあう姿だった。RMが話している途中で、妹がバロニアの袖を引っ張った。妹はバロニアに体を寄せ、こういった。

「同じよ」
「何が？　何が同じなの？」
　バロニアは戸惑いながらたずねた。
「BTSの声、そして愛。わたしが想像していたのとまったく同じ」

　BTSのことがまったく見えない妹に感動を与えたBTSの真摯な姿。そんな彼らがそのまま表れている音楽。韓国のアイドル音楽を聴くと、家族や周りから嘲笑を浴びたり、とげのある言葉をいわれたりもする。そのたびに妹はこう返したという。「彼らが英語で歌わなくても大丈夫。わたしは彼らが何をいっているのか分かるし、言葉を感じることができるから」

　コンサートの後、バロニアはBTSの音楽を聴き、翻訳された歌詞を読み、今では熱烈なARMYになった。歌の大部分は韓国語だが、自分を愛し他人を愛するという彼らのメッセージを理解する邪魔にはならないという。BTSの表情と

声、音楽が伝える繊細で形のない愛は、言語の壁を超えると彼女は説く。バロニアがBTSのコンサートで見て、聴いて、実感したのは、とてつもない愛の力だった。黒人の女性、10歳の少年、祖父母の世代、そして視覚障害を持った10代。すべてのARMYが、BTSが伝える力を感じ取ることができるのだ。BTSはいかなる辞書でも定義できない、ひとつの概念にとらわれない「何か」を持っている。ハングルの偉大さと韓流の広がりを結びつけるのは、過剰なナショナリズムだ。文化は征服するのではなく、互いをつなぐもの。そして、それが今BTSが成し遂げていることの本質なのだ。

「韓国語で歌う」ということ

　BTSがアメリカの音楽市場で名前が知られ始めた頃、現地のマスコミはいつも必ず彼らにこうたずねた。「英語の曲を出す計画はないのか」。この質問の裏には、「海外のファンたちが韓国語で一緒に歌うのは驚くべき光景だが、冷静に見て、アメリカ市場で本格的に勝負するなら、英語の歌でなければ難しい」という認識がある。アメリカの文化にかんがみ

ると、このような考えは、ほとんど常識だ。字幕つきの映画もほとんど見ないアメリカ人は、意味も分からず口ずさむこともできない韓国語の曲がラジオから流れたら、戸惑うのは当然だろう。いや、そもそもラジオで頻繁にかかることはありえない。アメリカのラジオでは、英語以外の言語の曲が流れるのはごくまれだ。

　BTSのアメリカでのスタジアム公演を見て感銘を受けたボーイズⅡメンのメンバー、ショーン・ストックマンはこういった。「もし僕が『韓国にこんなボーイズバンドがあって、音楽も素晴らしく世界的に人気が高い』とラジオDJに話したら、彼らは全員鼻で笑っていただろう」。ショーン・ストックマンの言葉は、とてつもなく高い壁があるにもかかわらずアメリカで地位を固めたBTSの成功に驚き感心したことを明かすと同時に、米国市場で韓国語の歌が流行る可能性はほとんどなかった現実を示唆している。

　しかし、米国をはじめとする海外のファンは、草創期からずっとBTSが韓国語で歌うのを支持してきた。母国語で書いた歌詞のほうが、より深い内面を伝えるのに効果的だからだ。これに応えるように、BTSはサビの部分を除くほとんどが韓国語で書かれた曲で、活動を続けてきた。BTSのアイデンティティを変えることに同意しない海外ファンのサポート

が、大きな力になったはずだ。2019年初め、アメリカの有名芸能雑誌『エンターテインメント・ウィークリー』は、ソウルで行ったBTSへのインタビューで、次のように問いかけた。

「これまで2枚のアルバムがビルボードで1位になりましたが、今後韓国語の歌でシングルチャート1位を取れると思いますか」

　RMは次のように答えた。

「ルイス・フォンシの『デスパシート』がビルボードシングルチャートでトップになりましたが、スペイン語と韓国語の歌は、比べ物になりません。アメリカには、『ラテン・グラミー賞』があるぐらいですから。アジア出身のグループが自国語の歌でシングルチャート1位を取るのは、スペイン語圏のアーティストよりもはるかに大変です。シングルチャート1位とグラミー賞受賞が僕たちの目標ですが、文字通り『目標』にすぎません。1位になるために自らのアイデンティティや音楽的なアピールを変えたくはない。もし、僕たちがある日急にすべてを変え、歌詞が全部英語の曲を歌えば、それはもうBTSではないでしょう」

かつては英語の曲をリリースすることについてたずねられると、明確な答えは出さずにさりげなく期待を与えていたBTS。だが、ある程度アメリカ市場で成果を収めた後で行われた、この『エンターテインメント・ウィークリー』のインタビューでは、はっきりと韓国語の歌を守り通す意思を明らかにした。わたしは、この考えが正しいと信じている。すべての翻訳は「翻訳が不可能であること」を前提に行われる。ひとつの言語を別の言葉に移す作業には、必然的に文化的・政治的・社会的空白が生まれる。母国語でしか表現できない感情があり、それはいくら巧みに翻訳されたとしても、感情までは移せない。さらにBTSは、深みのある歌詞と比喩的表現で定評があるグループだ。感情を彼らが母国語で紡ぐ、BTSのアイデンティティの重要な部分が毀損されてしまうだろう。

＊17（編集部注）2020年8月にBTSはすべて英語歌詞の「Dynamite」をリリースし、米ビルボードHot100で1位を獲得。12月には韓国語の曲「Life Goes On」でも1位になった。全編英語詞の楽曲リリースの背景について、2020年8月21日、「Dynamite」リリース時の記者会見で、以下のように語っている。「初めて聞いた時、みんな気に入りました。英語の歌詞が合っているので、英語で歌おうという意見が出ました」（V）、「（新型コロナウイルス感染拡大で）世界が大変な時期ですが、虚脱感や無力感から抜け出す突破口が必要な時に、新しいチャレンジになると思いました」（JIMIN）。

2019年のカンヌ国際映画祭では、最高賞のパルム・ドールが、ポン・ジュノ監督の『パラサイト 半地下の家族』[*18]に贈られた。監督がこれまでに手がけた『スノーピアサー』と『Okja／オクジャ』は、韓国の俳優が主要な役を演じ、一部は韓国を舞台に撮ったものではあるが、映画全体ではグローバルな問題意識を前面に押し出し、さまざまな国の人物が登場する普遍的な物語だった。いわゆるトランスナショナルな映画だ。だが、この2作も素晴らしかったが、ポン・ジュノ監督に映画製作者として最高の栄誉であるパルム・ドールをもたらしたのは、韓国的な格差社会とローカルな問題意識を盛り込んだブラックコメディ・スリラーの『パラサイト』だった。もちろん監督が得意とする韓国的なユーモアもあふれていた。興味深いのは、韓国的な背景とストーリーのこの作品を観た外国の審査員たちが、それを世界的な問題意識、すなわち普遍的なものとして読み取ったことだ。これは、一番身近なことがもっとも普遍的でありうるという証明でもある。韓国の風景のなかで育ち、韓国語で見て聞いて考えたことを韓国語で表現するBTSの歌詞。これからもこのような歌詞を彼らの歌で聴き続けたいと願っている。

＊18（編集部注）原書の発刊後、同作は第92回アカデミー賞において、最多の6部門にノミネートされ、最多4部門で受賞した。これは、非英語作品としては初の快挙だった。

グローバルに魅力を発信する
「ＡＲＭＹ翻訳家」

　わたし自身がARMYというファンダムに関心を持つように
なった一番大きなきっかけは、「ARMY翻訳家」の存在だっ
た。BTSの音楽やメッセージ、そしてすべてのコンテンツ
がリアルタイムで配信され、世界に広がる。それを半分以上
支えているのが、コンテンツを翻訳し、ソーシャルメディア
などで発信するファンたちだ。もちろん、他のK-POPファ
ンダムにも翻訳をする人はいる。ただ、ARMY翻訳家は、
自分の位置や役割について悩み続けている。

　現在ARMYのファンダムには数多くの翻訳家たちがいる。
でもBTSのコンテンツをハングルから英語に翻訳する人で、
アクティブに活動しているのは約20人にすぎない。留学生
や韓国系の人がほとんどを占める。彼／彼女たちは、アルバ
ムの歌詞や毎日SNSにアップされる所属事務所やメンバー
のメッセージ、YouTubeの動画、ミックステープやカバー曲
の歌詞、韓国での報道記事まで、BTSに関するほぼすべて
をリアルタイムで翻訳し、シェアする。

アルバムには約10曲が入っているが、リリース時には、プロモーションビデオが製作されるタイトル曲以外は英語字幕がつかない。そのため、新しいアルバムが出た瞬間から、世界中の非韓国語圏のファンダムすべてが、ARMY翻訳家が歌詞を訳し終えるのをそわそわしながら待ちわびる。世界のファンダムのARMY翻訳家への依存度は非常に高く、影響力はファンダム自体を揺さぶるほどだ。

翻訳は、たんに意味を機械的に伝えれば良いわけではなく、特定の文化圏で通用する表現に置き換えて言葉を再生産する作業だ。ARMY翻訳家にはスピード感や正確さ、そして時には豊かな文化的知識が要求される。たとえば、「Ddaeng」[*19]の場合、花札について知らなければ理解できない内容が含まれているが、ARMY翻訳家が英訳した「Ddaeng」の歌詞には、花札のルールも細かく解説されている。彼/彼女たちも調べて学びながら翻訳するのだ。

だが、ARMY翻訳家の徹底した職業精神——お金をもらってする仕事ではないが——にもかかわらず、彼/彼女たちの

[*19] (訳注) 2018年に発表されたアルバム未収録の曲。タイトルには花札を使ったソッタという遊びの役「テン」の意味も含まれている。

訳文には、「必然的な空白」が存在する。決して能力が劣るためではない。異なる言語と文化の間に存在する隙間は、文字を外国語に置き換えるだけでは埋められない類のものだ。こうした空白を埋めるには、文化の橋渡し役である翻訳家の高い意識が重要だ。特にファンダム内で摩擦が起きた時、これを伝えなければならない翻訳家たちは悩む。多くの情報のなかでどれを選ぶのか。誰の立場で伝えるべきか。特に、韓国のARMYに端を発する葛藤を海外のファンに伝えなければならない時、また韓国のARMYと海外のARMYが互いにぶつかりあう時、翻訳家であると同時に韓国人である彼／彼女の立場は非常に苦しくなる。韓国のARMYに寄りそう翻訳をすれば海外のARMYから「客観性を失っている」と非難される一方で、韓国ARMYの肩を持たずに冷静に事実だけを伝えると「どこの国の人なの？」と皮肉をいわれる。このようなジレンマがあるため、ARMY翻訳家たちは、ファンダムの内部で文化や政治的な立場がはっきりする事案の際には、とても慎重になる。

　2018年9月、AKB48の総合プロデュースを手がける作詞家の秋元康氏とBTSのコラボレーションが、韓国のファンダムの反発によって撤回された。秋元氏の過去における「右翼的な行動」と「女性差別的な歌詞」が議論になったためだ。

この一件は、ファンダムの反対が会社同士の正式な契約をも破棄させる可能性があるという、異例の出来事として広く伝えられた。

　そんななか、コラボレーションが白紙になる過程で韓国ファンダムが行った集団ボイコットと公式ファンカフェへ[20]の「総攻撃」態勢での書き込みが、海外のファンダムから冷たい視線を浴びた。「BTSのメンバーには罪がないのに、ストリーミングやアルバムの購入を拒否したり投票をボイコットしたりしたら、BTSに被害が及んでしまう」「会社とアーティストはパートナー関係のはず。なぜ韓国のファンは会社とアーティストを別々に捉え、問題が起きると会社を責めるのか」と海外のファンは非難した。「まるで実力行使のように公式ファンカフェに総攻撃を仕かけるのは、理解できないし怖い」という意見が大半だった。

　これにたいする答えの一部は、韓国社会のなかにある。韓国では、センシティブな社会問題が起き、それが強者と弱者の対立構図に飛び火した時、法律や話し合いで解決したこと

＊20（訳注）ファンの交流サイト http://cafe.daum.net/BANGTAN ※2021年1月15日閲覧。

はきわめてまれだ。それどころか、強者によって画策された社会秩序によって多くの問題がうやむやになり、弱者がさらなる被害にあったこともある。だから、「我々を平気で打ちのめす権力者に勝利するためには、集団行動で強く対抗するしかない」というのが、社会の葛藤と向き合う時の基本的な姿勢だった。

年若くして練習生になり育成されるK-POP特有のシステムは、たいていの場合所属事務所を甲（上位）、アーティストを乙（下位）の関係にする。つまり、アーティストは事務所によって権利の侵害を受ける可能性がある、保護されるべき存在というわけだ。よって、だんだん人気が出て大勢のファンを擁するようになると、ファンが団結しアーティストを守るべく事務所に立ち向かうこともある。そのようなファンは、所属事務所とアーティストをはっきり別々の存在として見ているのだ。韓国のBTSファンにとって事務所は強者であり、BTSのメンバーは守るべき弱者だ。したがって、秋元氏の件にたいする韓国ファンの集団ボイコットは、彼／彼女たちにとって、BTSを保護するための当然の行動だった。

しかし、韓国ファンのこのような心理と、日韓両国の歴史的関係を説明して集団ボイコットについて説得しようとした

翻訳家の試みにたいし、海外ファンは冷ややかな反応をしめした。「客観性を失った説明はやめて、口を閉ざすべきだ」と求められ、翻訳家たちは引き下がるしかなかった。韓国ARMYと海外ARMYの間には、深い溝が生じた。

ところが、それからほどなく今度はメンバーのひとりが過去に着ていたTシャツが問題になり、日本の音楽番組への出演が中止となる事件が起きた。世界的なグループBTSをめぐるこの出来事は、欧米のメジャーなマスコミによってリアルタイムで世界中に伝えられた。さらに国内外の政治勢力や人権団体まで議論に介入し、事件は爆発的に拡大していった。事件が日本国内の嫌韓勢力の世論戦に利用されることを防ぐため、韓国のARMYたちはすぐに、Tシャツ問題の背後にある日韓両国の歴史と徴用工への賠償にたいする直近の最高裁判所の判決について説明した。海外ARMYは、BTSが日韓両国の政治的葛藤に巻き込まれたと受け止めた。このような説明を率先して行ったのは、いつものファン翻訳家ではなく一般のファンたちだった。

所属事務所のBig Hitが立場を表明し、事がある程度沈静化していた数週間後。慎重な姿勢で沈黙を守っていたARMY翻訳家たちは、「白書」を発行した。翻訳アカウント

を運営するARMYが責任編集を担当し、世界5大陸の20人を[*22]超えるさまざまな職業を持つファンが参加した。Tシャツ事件の経緯から政治的な背景、マスコミの報道にいたるまで、詳しい内容を盛り込んだ約100ページの論文を発表した。日韓の歴史的・政治的対立が背景にある事件についての白書を発行するにあたっては、慎重かつ客観的な立場を保つと明らかにした。多様な国籍と人種、そしてバックグラウンドからなるファンダムが一方の国に有利な解釈をすることは、翻訳する人の立場はもちろん、長期的にARMYファンダムの結束に問題をもたらす可能性があることを、前回の事件で学んだからだ。白書にはTシャツ事件をめぐる歴史的背景とファンダム内部のさまざまな政治的見解の違いが詳しく記され、参考文献も添えられている。白書を発行した理由は、たんにファンダムの立場を外部に説明するためではなく、ファンダム内部で生じた葛藤の解決方法について省察し、国籍を超え人間愛で結ばれたファンダム共同体を作るのに寄与するためだという彼／彼女たちの説明は、「政治的共同体」としてのファンダムの可能性さえ感じさせる。

*21（原注）https://whitepaperproject.com/ ※2021年1月15日閲覧。
*22（訳注）原注21のウェブページでは、「ただしわたしたちはBig Hitエンターテインメント、BTS、またARMY全体の立場を代表するものではありません」としている。

自らの立場と役割について悩みながら活動するファン翻訳家たち。彼／彼女たちが「慎重な文化の翻訳者」であることを証明する、こんな言葉が白書には記されている。

「わたしたちは言葉の交差点に立っています。ポピュラーなものより正しいもの、そして面白いことよりも賢明なことを見出すために、毎日、すべての瞬間、慎重な選択をすべく心がけています」

BTSとARMY

ファンダムは
そして、社会へ

———

わたしたちは連帯する

ファンとは、自分の推しに無限の愛を与える人を意味する。愛の対象は、商品のブランドや芸能人、ドラマや映画にいたるまで千差万別だ。ファンダムは、このような推しを共通分母とする「推しで結ばれた共同体」だ。ところが現代の消費主義社会では、推しへの愛はほぼすべて消費につながっている。ファンダムは、推しに関連するグッズを購入することで、結果的に市場における推しの地位を強化するのに寄与するのだ。だから現代社会においてファンダムは、「推しで結ばれた消費者集団」ともいえる。

　しかし、ファンダムの属性をより深く観察してみると、決して消費者マインドだけでは定義できない多様な姿が見えてくる。ファンダムは交流とコミュニケーションの空間であり、時には疎外された人を擁護する政治的な立場を表すこともある。

　BTSには、彼らのアイデンティティに刻まれている要素、すなわち中小芸能事務所出身のアンダードッグ、アジア、ボーイズバンドといったマイノリティとしての素地がある。そのため、ファンダムはBTSの社会的な認識にたいし、必然的に敏感にならざるをえなかった。BTSが彼らの音楽と物語で紡いできた社会的な発言は、そうした性質をさらに強くした。たんなる消費者集団としてのアイデンティティを超え、ARMYを社会的・政治的な主体にするのは、BTSのメッセージとそこに盛り込まれた社会的主体としての成長物語だったのだ。

BTSの成長物語が
多くの人の心を揺さぶった

　デビュー初期の「学校三部作」から「青春三部作」、そして『LOVE YOURSELF』シリーズへと続くBTSのディスコグラフィーは、グループの音楽的な成長と7人の人間的な成熟の軌跡そのものだ。「学校三部作」では抑圧された教育の現実と不条理な社会にたいする10代の声を、挑発的なラップで伝え、「青春三部作」と『LOVE YOURSELF』では、壊れやすい青春の戸惑いと虚像の仮面を脱いで自分探しをする姿、そして、そんな自らをありのままに愛するというメッセージを歌う。盛り込まれているのは、メンバーが経験してきた等身大の出来事の数々だ。

　BTSの物語は、メンバーの現実の悩みと成長を歌詞として音楽に込めただけではない。いわゆる『花様年華』ストーリーと呼ばれる、BTS固有の世界観が存在する。BTS Universe（以下、BU）と称されるこのシリーズは、2015年4月『花様年華 pt.1』のリリースを機にスタートした。ミュージックビデオのなかでメンバーは、暴力や心の病など、暗い過去を持つ人物に扮する。BUは、「青春の戸惑い」を美しく健康的なイ

メージで描く、よくあるミュージックビデオとはまったく異なる。2018年の『LOVE YOURSELF 結 'ANSWER'』の収録曲「Epiphany」のミュージックビデオも、『花様年華』ストーリーに基づくBUの映像だ。BUの世界観は、ありがちな真っすぐな線状のストーリーではない。一見関連性のない無数のヒントがいたるところに散りばめられた映像。観た後にどんな全体像が浮かび上がるかは、受け手によって変化する。そのため、BU関連コンテンツが公開されるたびに、ARMYは互いの解釈を比較し、修正しあい、シェアするのに大忙しだ。つまり、グローバルなオンライン集団の知性が、一斉に活動しているのだ。ミュージックビデオを解釈するのは、ファンにとって一種の「ゲーム」のようなもの。提供されるコンテンツを受動的に消費するのではなく、意味を把握しようと積極的にヒントと向き合い、点と点を結んで線を描くように物語をつないでいく。インタラクティブな推理ゲームなのだ。

*1 （原注）BTS Universe（BU）に含まれるコンテンツは、映像のクレジットに「BU content certified by Big Hit Entertainment」と記されている。BU映像に属するものは、以下の通り。「I NEED U」「I NEED U(Original Ver.)」「I NEED U (Japanese Ver.)」「花様年華on stage : prologue」「RUN」「RUN (Japanese Ver.)」「EPILOGUE : Young Forever」「WINGS」ショートフィルムシリーズ、「血、汗、涙」「血、汗、涙(Japanese Ver.)」「LOVE YOURSELF Highlight Reel '起承轉結'」「Euphoria」「FAKE LOVE」「Epiphany」など。

BUに登場するメンバーのキャラクターも、曲とともに変化する。7人の仲間が楽しく過ごした時間は終わりをつげ、さまよい葛藤する時期が訪れる。ひとりが自ら海に飛び込むと、別のメンバーがすべてを取りもどすために時間を逆行させようと試みる。初めから何もなかったような偽りの平和が続く日々。そんなある日、目覚めたのは、「凍りついた湖にひびが入る」「何かが壊れる音」を聞いたからだった。今の自分は偽者だと知ったメンバーたちは、「僕も僕が誰なのかすら　わからなくなった　鏡に聞いてみる　君は一体誰なのか」と問い、仮面をかぶった自分を見つめる。「心のなかの爆風に耐えきれず」「笑っている仮面の裏にある本当の自分の姿をさらけだす」ようになった彼らは、結局、「僕が愛すべき人は、僕自身」という境地にたどりつく。

　青春の不安と誘惑を経て愛を見つけるが、仮面をかぶった自分が、実は偽者だと気づく。そして、あるがままの自分を愛するべきだという答えを得る。BUのなかで成長するのは、仮想のキャラクターだけでなく、実際に青春を生きるメンバーたち自身でもある。このように、BTSが綴る物語では、

＊2　（原注）『LOVE YOURSELF 轉 'TEAR'』収録曲「Intro : Singularity」の歌詞。
＊3　（原注）『LOVE YOURSELF 轉 'TEAR'』のタイトル曲「FAKE LOVE」の歌詞。
＊4　（原注）『LOVE YOURSELF 結 'ANSWER'』アルバム収録曲「Epiphany」。

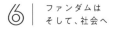

曲の世界観と彼らが重なりあう。『学校三部作』からスタートし、青春の美しさと誘惑を語る時代（『花様年華』、『WINGS』）を経て、自分を愛するように説く『LOVE YOURSELF』シリーズまで、彼らのアルバムは学生から大人へと成長したメンバー自らのストーリーを歌っている。

　BTSメンバーひとり一人の成長は、音楽だけでなく他のコンテンツからもうかがえる。『アメリカンハッスルライフ』『BTS Log』『BON VOYAGE』『Run BTS!』『『BANGTAN BOMB』『BURN THE STAGE』など、デビュー前から現在までにリリースされた莫大なコンテンツは、メンバーたちのたどった道を、鮮やかに映し出す。

　BTSの公式ブログにある『BTS Log』の動画には、デビュー前のまだあどけなさが残るメンバーたちが悩みや決意を打ち明ける姿から、アルバムの制作を省みる様子まで、彼らの深い内面がまるで日記のように記録されている。ファンを意識して明るい笑顔を見せる他の映像とは違い、独白のような『BTS Log』には不安や悩みがくっきりと浮かび上がる。

　「メンバー同士の関係がよく見える」と、ファンがもっとも愛するコンテンツのひとつが、海外旅行のリアリティープロ

グラム『BON VOYAGE』だ。ファンは、外国で新たな体験をし、存分に息抜きをしているメンバーの姿にホッとする。だがこれは同時に、リフレッシュの時間でさえ、ファンのためにカメラの前に立たねばならない皮肉なコンテンツでもある。旅行の途中でパスポートをなくしたり、荷物を置き忘れたり、予期せぬ出来事に見舞われたりすることもある。そんな大変な状況でも互いに気づかうメンバーの自然な様子に、ファンは心を打たれる。

　BTSのコンテンツのうち「成長」というキーワードを一番はっきり見せるのが、YouTubeのドキュメンタリー『BURN THE STAGE』^{*5}だ。「2017 BTS LIVE TRILOGY EPISODE Ⅲ THE WINGS TOUR」に密着したドキュメンタリーで、YouTubeの有料チャンネルで2018年3月から全8回が7週にわたり公開された。ドキュメンタリーの初回のエピソードで、SUGAとRMは、このように語る。

「数多くのコンテンツと映像で僕たちを存分に見せているよ^{*6}

＊5　（原注）同年11月に『Burn the Stage : the Movie』というタイトルで映画化。世界同時公開されて200万人以上の観客を動員した。

＊6　（編集部注）原著者による『BURN THE STAGE』内でのSUGAとRMの発言の要約。

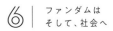

うで、実は弱いところはできるだけさらけださないように努力しているんです」

「ステージの裏の素の姿をもっと映して、僕たちも『同じただの人間だ』ということをお見せしたいです」

　VLIVEとYouTube、Twitter、ブログなどで公開される、すべて見るのは大変なほど多くのBTS関連コンテンツ。『BURN THE STAGE』は、それらをしのぐ「素の姿」を見せてくれるのか。正直に明かすと、わたしはあまり期待していなかった。映像を学んだわたしは、撮影と編集には作り手の意図が含まれると知っている。アーティストの素の姿を見せれば、それを彼らの弱さであると捉える一部のファンが反発する可能性があることを、制作サイドも心得ているはずだ。しかし、告白すると、わたしは『BURN THE STAGE』を観て涙を流した。内容が悲しすぎたわけではない。ファンとして気持ちが高まったわけでもない。なぜか、毎回見るたびに涙がこぼれたのだ。わずか1年前のツアーのビハインド映像でここまで感情を揺さぶられたのはなぜか。内容を以下に詳しく語らせていただく。

　『BURN THE STAGE』は、ワールドツアーのステージと舞台裏、そしてツアーの合間にメンバーが息抜きをする様子

を映し出す。何か特別なすごいことをするわけではない。ホテルの部屋で作曲をしたり、ツアーを開催する街の美術館や水族館を訪れたり、有名なホットドッグを食べたり、海に行って寝転がったり。ささやかな時間を満喫するだけだ。ステージの動線についてメンバーが言葉をぶつけあうシーンも出てくるが、結局いつものようにメンバー全員で相談する、典型的な「BTS式葛藤解決法」で話がまとまる。各エピソードの前半には、公演前にリハーサルをする姿を白黒の画面で見せるシーンがある。がらんとした客席を眺めながら、7人は時に汗をぬぐおうともせず真剣にディレクターと議論したり、じゃれあったりもする。そんななか、わたしの心をわしづかみにしたのは、誰もいない客席を見つめるメンバーたちの刹那的な表情だった。20代半ばに満たない彼らは、世界的な名声を得た時期に始まったツアーの、がらんとした客席を眺めながら、どんな感情を抱いたのだろうか。舞台が与えるプレッシャーと恐怖、ファンへの感謝……。さまざまな感情が交差していたはずだ。

　誰もいない客席の前に立つ7人の姿に、わたしは不意にノスタルジアにとらわれた。まるで、すべての熱狂が収まり照明が消えた時、つまり長い時間が経った後、BTSが自分たちの過去を振り返って感じる気持ちを体験するような気分だっ

6 ｜ ファンダムは
　　 そして、社会へ

147

た。熱狂と喝采、つらい練習の日々、プレッシャーと達成感。すべてを振り返るBTSの後ろ姿を、数十年後の未来にタイムスリップして彼らと一緒に見ている。そんな気がした。

　人生は無限ではない。百年にも満たない人生を送り、いつかは命の火が消える。しかし、終わりがあることは、日々を充実させる原動力でもある。名声もまた、無限ではない。

　BTSの一挙手一投足に息をのむファンの熱狂も、時が来ればビールの泡のように自然に消えていくだろう。しかし、無限のアイコンとして人々に記憶された名前もある。マイケル・ジャクソン、ザ・ローリング・ストーンズ、エルヴィス・プレスリー、ザ・ビートルズ。ソ・テジも同様だ。BTSも時代の空気が許せば、おそらく同じ道を歩んで行くに違いない。

　BTSのツアードキュメンタリーに映し出される姿は、伝説的な音楽ドキュメンタリーと比べると、かなり珍しい点がある。たとえば、ザ・ローリング・ストーンズの映画は、ステージの上での熱狂と舞台裏でのトラブルなどを見せ、麻薬やロックンロール、フリーセックスがまん延した1960年代の空気をそのまま捉えた傑作といわれている。普通の人とは

異なる、ある種の奇行ともいえるアーティストの言動が芸術の証とされる風潮は、他の音楽ドキュメンタリーでもしばしば目にする。しかし、『BURN THE STAGE』は、ちょっと違う。ツアーの合間に彼らがするのは、食事やおしゃべり、作曲、ゲーム、観光。それがすべてだ。このような姿は、アーティストの特別な面を強調してきた従来のドキュメンタリーとはかけ離れている。この上なく平凡で、その平凡さのなかに何かがきらめくBTS。神秘化することなく、どこにでもいる若者と同じようである一方で、メンバーたちは、自らの限界を破り前進したいという情熱を絞り出すように語る。自分たちはまだ頂点ではないと分かっていて、もっと成長したいという熱望。その切なる願いを実現するために、彼らは厳しいレッスンに耐え、自分を省みる。きらめく一瞬の熱狂と歓声のために、自己研鑽に励む日々を送るのだ。

　Big Hitのパン・シヒョク代表は、「BTSがどんなアイドルになることを望むか」という質問に、「親しみやすい隣人のようなヒーローになってほしい」と答えたことがある。すぐ身近に存在する日常を生きる英雄。彼らの「日常」が血、汗、涙の日々であることを『BURN THE STAGE』は証明している。BTSのキャリアが飛躍した2017年から1年後。すべてのファンは『BURN THE STAGE』で彼らの過去を目撃す

る。同時に数十年後の未来に立ち、BTSが描く物語を振り返るような気持ちでドキュメンタリーを見る。そして気づく。このきらめくステージの向こうで、7人がいかに努力し、笑顔を忘れずにいるかを。

　アイドルのファンダムにたいして、「スターのルックスのカッコよさばかりを求めている」と批判する人もいる。いわゆる「オルパ」ファンは、スターの顔を見て好きになり、メンバーの肌の状態からダイエット、愛嬌にいたるまで、外見に大きな関心をしめし、「ルックスはイコールアイドルの生命力」と考えたりもする。もちろん、ARMYにもこうした「オルパ」的な気質があるだろう。「ホムマ」が編集したきれいな写真や映像を見てファンになり、ルックスや衣装に大きな関心をしめす人も多い。しかしわたしは、BTSが現在のような世代や人種を超えたグローバルなファンダムを築いた背景には、もっと深い共感の力があると考える。「成長する存在」としてのBTSにたいする共感だ。10代と20代のファンにとってはロールモデルであり、共鳴する同世代。30代と40代の

＊7　（訳注）「イケメン好き」を意味する韓国語のスラング。
＊8　（原注）「ホームマスター」の略で、アーティストの日常を追いかけ、クオリティの高い写真を撮ったり編集したりするファンを指す。人気の高いアイドルほどホムマが多く、ホムマ自身が有名人になることも多い。

ファンには、通り過ぎてきた青春のもろさと不安、そして克服の象徴として。BTSという不完全な存在が、時に自分を疑いながらも歩みを止めず成長していく美しさに、すべての世代のファンが共感するのだろう。

「BTSの生きざまを見ると、自分もがんばろうという気がしてくる」というファンに時々出会う。「彼らはわたしを動かす。無気力に座っていたわたしを奮い立たせ、夢を与え、変えてくれる」。7人の成長ストーリーは、たんなる共感を超え、ファンの人生を変える。変化にたいする熱望は、ファン個人の人生にとどまらず、社会全体にたいする変革の熱望へと広がっていく。「個人が幸せになるためには、個人が集まって作る社会が変わらなければならない。だから、社会に変化をもたらすことができるよう、連帯して動いていこう」。かくして、ただの消費の主体として扱われてきたファンダムは、社会的な主体として生まれ変わった。

熱心なチャリティー活動をする
ＡＲＭＹたち

　2018年5月5日（現地時間）、米ABC7テレビ『アイウィットネス・ニュース』の記者・キャスターのジョージ・ペンナッキオが、ARMYファンダムに向けてツイートした。映画『スター・ウォーズ』の慈善活動、「Force For Change」がかかわるユニセフのチャリティーキャンペーンに、BTSファンも参加してほしいという内容だった。キャンペーンの内容は、#RoarForChangeをつけたツイート、リツイート、いいね1件につき1ドルがユニセフに寄附され、子どもの命を守る活動に貢献できるというものだ。

　「ハッシュタグの民族」という名声を博すARMY。このツイートが流れるやいなや、世界中のARMYがハッシュタグを一斉に共有し始めた。もともとは、20日間で100万ドル到達を目標に発足したプロジェクトだった。ところが韓国をはじめ、世界中のARMYが参加すると、わずか5時間で一気に100万を超え、一瞬にして目標を達成。ARMYにキャンペーンへの参加を提案したABC7のペンナッキオ氏も驚き、「こんなファンを持つBTSは本当にラッキーですね。皆様に心

から感謝します」とツイートした。『スター・ウォーズ』公式アカウントも、100万ドルの寄附をあっという間に実現させたARMYに感謝するツイートをした。そのツイートには、世界中のARMYからコメントが寄せられた。「少しでも善き人でありたいし、世界のために何かできる人になりたい。そんな風に思うようになったのは、BTSのおかげ」。ARMYたちが記したのは、BTSへの感謝の言葉だった。

2017年末、BTSは今後2年間、アルバムの収益金の一部とグッズの収益全額を寄附する「LOVE MYSELF」キャンペーンを立ち上げ、ユニセフの「#ENDviolence（暴力をなくそう）」プロジェクトとともに進めている。2018年末時点で、BTSとARMYの「LOVE MYSELF」キャンペーンの寄付額は、18億ウォンにのぼる。BTSに寄り添うようにARMYも慈善活動に積極的で、メンバーの誕生日やデビューなど記念日が近づくと、各国のARMYが自国でさまざまな寄附を行う。たとえばJ-HOPEが誕生日を迎えた2019年2月、世界中で40件以上のチャリティー活動が立ち上げられた。J-HOPEにインスパイアされた慈善活動の内容は、「口唇口蓋裂で生まれた子どもにJ-HOPEのように明るい笑顔を」という趣旨の手術とリハビリにたいする寄附、苗木や山火事被害復旧への寄附、動物愛護団体への寄附、緊急救援食糧支援、新生児に帽

子を編むサポートなど。また、2019年のBTSデビュー 6周年
記念日には、アメリカのファンが身体が不自由で金銭的援助
を必要とするお年寄りのために寄附を集め、ロシアのファン
は恵まれない子どもたちを支援するプログラムにお金を送っ
た。韓国のファンは献血運動をした。

　時々、「ARMYはどんな基準で寄附の対象を決めるのか」
と、わたしにたずねる人がいる。ARMYのチャリティー活
動にわたしも参加したことがあるが、ARMYの慈善活動は、
「BTSのメッセージで癒やされた心とARMYという共同体で
得た経験を世界に分かちあおう」という気持ちが原点のよう
だ。自分が受けたポジティブな力を他の人のために生かし、
世界全体がよりよい場所になることに寄与したい。そんな願
いが込められている。貧困層の子どもの教育からホームレス
支援まで、ARMYがチャリティーを行う対象は幅広い。

　毎月定期的にプロジェクトを行うグローバルARMYの
チャリティー団体もある。その名は、「One In An Army （以
下、OIAA）」。「大きなファンダムが大きな変化をもたらす （Big
Fandom. Big Difference） というスローガンのもと、世界中の小
さな慈善団体を選び、少額の寄附でサポートすることを1年
以上続けているOIAAは、ひとりのARMYの提案で生まれ

た。それは、BTSがユニセフとともに「LOVE MYSELF」キャンペーンをスタートした直後のこと。「世界各地にすごい数のARMYがいる。わたしたちが力を合わせれば、人々を救い世の中を変えるために貢献できるのでは？」というあるARMYのツイートを、多くのARMYがシェアした。呼びかけに応じたARMYたちが、すぐにグループチャットに結集。議論を重ねた結果、ARMY寄附団体「OIAA」が誕生した。

　OIAAは月に1度新しいプロジェクトを立ち上げ、さまざまな慈善団体を支援してきた。シリア難民に対する医療支援、学校や家庭への浄水施設の設置（タンザニア）、海洋生態系の復元（インドネシア）、青少年の自己啓発のためのダンスレッスン（ルワンダ）、障害のある青少年に対する音楽治療（パタゴニア）、貧困層が自立するための技術指導に関する事業（フィリピン）など、サポートする慈善事業は幅広い。ある時から、その月に誕生日を迎えるメンバーに関連する事業を選び、チャリティーを兼ねたバースデーのお祝いをするようになった。先に挙げた明るい笑顔のJ-HOPEにインスパイアされて行った、口唇口蓋裂の子どもの手術および事後管理支援（ペルー）もそのひとつだ。

　慈善団体を選ぶにあたり、OIAAにはいくつかの原則があ

る。ひとつ目は、できるだけ多様な団体を支援すること。ふたつ目は、少額の寄附が可能であること。世界中のひとり一人のARMYが少しずつ協力しあってお金を集め、団結して大きな力を発揮するのが目標だからだ。3つ目は、なるべく規模の小さな団体に寄附をすること。一例として、OIAAは、運営費が足らずに休止していた芸術療法プログラム[*9]を、ARMYの寄附で復活させた。この三つの原則をベースに支援する団体を決めた後、その団体の過去の活動と財政報告書を詳しく検討する。2019年に行われたJ-HOPEのバースデー記念チャリティーには、1か月間、アメリカ、韓国、カナダ、オーストラリア、日本、イスラエルなど50か国以上の国から計437人のARMYが参加した。なかにはジョージアなどからの寄附もあった。多くのARMYがOIAAを信頼して寄附に賛同しているため、支援する団体の選定には力を入れている。

定期的な寄附活動以外にOIAAが強調するのは、日々の生活で「善い影響力」を発揮することだ。

周りの人を笑顔にするなど、善良な行動をするARMYを「アンパンARMY」[*10]と呼ぶ。「アンパンARMY」が光を放っ

*9 （訳注）絵や音楽ダンスなどを生かした心理療法。

たのは、2018年、ニューヨークのシティ・フィールド公演だった。コンサートにやってきたARMYが缶詰や毛布をホームレスに配り、その様子がMTVやニューヨーク地域のメディアで報道され、話題を呼んだ。

　BTSの韓国ファンカフェのひとつ、「防弾イモ団」[*11]も、寄附活動を続けている。防弾イモ団は、2017年から児童福祉保護施設出身の子どもたちを情緒的・財政的に支援し、施設を離れた児童の自立や社会での定着の手助けをしている。実は、このようなファンダムの慈善活動は、韓国のK-POPファンダムでは珍しいことではない。多くのファンダムがアーティストの誕生日に慈善団体に寄附をしたり、推しに祝い事がある際に、風船や花で飾った米袋を送って寄附につなげたりする風習[*12]は、だいぶ前から定着している。たとえば、ソ・テジのファンダムは、寄附やボランティア活動はもちろん、韓国社会にたいしポピュラーカルチャーを認識するように促し、議論の場を作る一端を担った。

＊10（原注）BTSの曲「Anpanman」にちなんだ名。アンパンマンは自分の体を分けて人々に配る、'世界一弱いヒーロー'だ。
＊11（訳注）イモとは、母方のおば。血縁以外で「親しいおばさん」のような意味でも使われる。
＊12（訳注）アーティストはもらった米袋を福祉施設などに寄附する。

ファンダムが行う慈善活動を、「推しをアピールするのが目的だ」「一時的なブームにすぎない」とこき下ろす人もいる。韓国では年末になると、街角に救世軍の鍋が現れる。救世軍の鍋に寄付金を入れるのは、一見たいしたことではないように思える。だが、思い出してみよう。チリンチリンとなる鐘の音に足を止め、財布からお金を取り出して救世軍の鍋に入れるためには、わずらわしさや恥ずかしさを乗り越えねばならない。チャリティーという大義に共感するのは簡単だが、実行に移すのはたやすくない。決心が途中で揺らぎ、あきらめてしまうこともある。だから、他人の寄附の意図を疑って何もしないよりは、動機はともあれ行動するファンダムのほうが、世の中にはるかに貢献しているといえるだろう。そして何より、ファンダムの行動は周囲にポジティブな影響を与える。BTSが始めた寄附キャンペーンに参加したファンが、自分たちでチャリティー活動を立ち上げ、それを見たBTSが今度はファンの名前で寄附をする。ループのように広がっていくのだ。メンバーのSUGAが誕生日にファンダム「ARMY」の名前で39か所の保育園に一等級の牛肉と1億ウォンを2年連続で寄附した。ARMYがBTSの名のもとで行ったことを、

*13 (訳注) 救世軍とは、キリスト教の一派で、慈善団体。毎年年末にバケツのような形をした「社会鍋」という名の募金箱とともに街頭に立ち、寄附を集める。

BTSがARMYの名前で社会に還元する。このような循環こそが、慈善活動のパワーなのだ。

「ＡＲＭＹはＢＴＳの顔」

　多くのファンが集まるコンサートや年末のテレビ放送、ファンミーティングなどを控え、ファンダム内部に定期的にネット上などでシェアされるフレーズがある。「ARMYはBTSの顔」というキャンペーンだ。公演会場とその周りにごみを捨てない、観客席の椅子の上に立たない、他のアーティストの出番の時も礼儀を守るなど、ファンダムのエチケットを呼びかけるこのキャンペーンは、韓国のファンダムから始まった。そして次第にグローバルファン全体に広がり、ファンダムに問題が生じた時に、「ポジティブな雰囲気を伝える」「他のファンダムとの言い争いは避ける」「憎しみにとらわれず、前へ進む」などのキャッチフレーズとともに、シェアされるようになった。このようなエチケットキャンペーンがARMYのファンダムで盛り上がっているのには、BTSの影響が大きい。努力するBTSのように、ARMYも模範的なファ

ンになろうと努めるのが、ファンダムキャンペーンの趣旨だ。

　ファンダムがエチケットキャンペーンを行うということ
は、つまり、ファンダムが対峙してきた葛藤が多かったこと
も示唆する。中小芸能事務所出身のBTSが少しずつ頭角を現
し始めた2015年頃から、「盗作だ」「ファンがCDを買い占め
ている」とデマを流して傷つけようとする韓国内の他のファ
ンダムはもちろん、海外でのBTSの勢いを弱めようとする
プロジェクトを進めた海外K-POPファンダムの動きもあっ
た。そんななか、ARMYはBTSを守るため、つねに刃を研
いでいなければならなかった。このように外部からの無差別
攻撃は、韓国と海外のファンの連帯をさらに強める役割も果
たした。その一方で耐えられずにファンダムから退出した人
も少なからず存在し、外部との応酬を繰り返すうちに極度に
敏感になったファンも多かった。

　だが、このような時期を経て、ARMYの心は少しずつひ
とつになった。「攻撃にいちいち立ち向かう必要はない。結
果でしめせばいい」「つらい立場にいたBTSがわが道を進ん
で結果を出したように、ファンダムも自分たちが消耗するよ
うな争いは極力減らし、BTSの地位をより強くするために力
を合わせよう」。そんな共通の思いが生まれたのだ。ARMY

たちは悪意のあるデマを流すSNSアカウントにひとつひとつ言い返すのではなく、報告やブロックをする手法を取るようになった。ファンダムという場は、1日に何度も問題が起き、大騒ぎになることもある。葛藤の要因は、芸能事務所、マスコミ、他のファンダム、もしくはARMYのファンダム内部まで、実にさまざまだ。ファンダムは噂に敏感で政治的な空間であり、時には有害な空気を吐き出したりもする。しかしARMYはまた、自浄能力を発揮する集団でもある。

「パープルリボンARMY」キャンペーンは、ファンダムにたいする固定観念を超えたARMYの意外な姿を見せる、もうひとつの例だ。2017年11月、BTSがアメリカン・ミュージック・アワードでパフォーマンスを披露するためにロサンゼルスに到着した時、空港は大勢のファンでごった返した。感激したファンが歓声を上げる姿に、米国のマスコミは「ザ・ビートルズがアメリカにやってきた時と同じような熱気だ」と伝えた。ファンの熱狂はアメリカのメディアの関心を引き、ひいてはBTSにたいする注目へとつながった。メンバーが空港に姿を見せる時のファンの興奮は世界的に度を超え始め、韓国・仁川国際空港では押し寄せるファンの勢いで、自動ドアが壊れたりもした。するとファンダムでは、「空港でファンがBTSに近づこうとすれば、メンバーだけでなく、ファ

ンと空港利用者の安全まで脅かしかねない」と、自省の声が高まった。

2018年5月、BTSがビルボード・ミュージック・アワードに参加するためロサンゼルス空港に降り立つと、驚くような光景が待っていた。空港に集まったファンが自分たちの体にパープルのリボンを結び、一列に並んで出迎えたのだ。空港の警備員でも警察でもなくファン自身が、駆けつけるファンからメンバーを守る役目を買って出たというわけだ。BTSはあるメディアのインタビューで、米国に到着して一番印象深かったことをたずねられ、「パープルリボンARMY」と答えた。質問したレポーターは、「スターに飛びつくファンは多いが、自らスターを守るファンは初めて見た」と、驚嘆した。これは、韓国でも「パープルキャンペーン」という名で受け継がれている。

ファンダム文化を改善し、より良い共同体を作る努力は、他にもいろいろな形で行われている。Twitterには、多様な文化圏のファンが互いの文化について理解を深めるようにサポートするファンアカウント、自尊心に問題を抱えて苦しむファンのために相談に乗る心理学専攻のファンのグループなどもある。また、2018年末のTシャツ問題の際には、韓国の

ファンが元慰安婦が住む「ナヌムの家」に寄附をした。この事件によって日本統治時代に強制動員された慰安婦の歴史を知った海外のファンも「忘れない」というメッセージとともに「ナヌムの家」に寄附を贈った。また、BTSの曲の歌詞と翻訳アカウントの説明で光州民主化運動について知った外国のファンが、犠牲者たちが眠る国立5.18民主墓地を訪れることもあった。

　推しへの愛をきっかけに、彼らが生まれ育った国の文化と歴史を理解しようと努力するファンたち。彼／彼女は口をそろえてこういう。「BTSがわたしたちを成長させてくれた。わずかながら恩を返し、世界をより良い場にしたい」。ARMYには、アイドルファンにたいする偏見を乗り越える何かがある。「BTSのために少しでも善き人でありたい」。そう語るARMYこそが、BTSが世に出した最高の「遺産」かもしれない。

BTSとARMY

7

これからの道

___

わたしたちは連帯する

時折、ファンダムの社会的・政治的役割を疑う視線を感じることがある。推しに熱烈にハマるファンの行動は、外部にたいする排他的な態度を必然的に伴う。このような排他性のため、ファンダムの社会的影響や広がりには限界があると考える人も多い。このため、政界におけるファンダム現象も同じように、肯定的ではなく否定的な特性として、しばしば話題となる。

　なかでもK-POPエンターテインメント産業のファンは、推しに関するすべてが消費に換算される消費助長システムの人質にすぎないという見方も存在する。判断力を欠いた消費者、資本主義の捕虜、政治的思考が削除され脱政治化された消費者。これが、知識人がエンターテインメントにおけるファンダム文化をこき下ろす主な理由だ。

　しかし、従来のエンタメ界のスタンダードに風穴を開けたBTSの歩みは、厳密にいえば、BTSが象徴するものをARMYが受け入れ熱烈に支持することで生み出された結果とみなされるべきだ。「深みもメッセージ性もない音楽をするボーイズバンド」という先入観、「英語圏のアーティストの曲だけがメジャーになれ、韓国語で歌うK-POPアイドルは絶対その地位に就くことはできない」という米国市場中心的な見方、「感情をさらけださず、ルックスは気にかけないのが本物の男」という男らしさにたいする見

解、「アイドルが社会問題や自分の心の病について話すのは難しい」という考え。これらすべてが、BTSの登場によって打ち砕かれていった。それはARMYがBTSの追求する方向性を熱心にサポートし、彼らのアイデンティティとして承認したためだった。この点がまさに、BTS現象の重要な要因として、ARMYにスポットライトを当てるべき理由である。

BTSが生産する物質的な財貨を忠実に消費し、彼らを熱狂的に支持するARMY。ARMYは従来のファンダムには見られないほど、多様な人種、年齢、階層、国籍で成り立っている。このため、文化的な多様性を自分たちのアイデンティティに取り入れる過程で、多くの交渉や妥協が生じるのはやむを得ない。

この章の前半では、異なる主体が混在する集団で起きる、文化的な交渉と葛藤について語る。議論をぶつけ合い「多様性」の真の意味を見出す過程、すなわち多様性の時代における異文化コミュニケーションのひとつの事例として読まれることを望む。また本章の後半は、消費者であると同時に文化的なパラダイム変化のカギを握る「変革の主体」としてのARMYの可能性について書いた。ファンがアーティストを追いかけてたんに消費していた時代から、レコード産業のパラダイムを変える新たな流れを創る時代へ。ファンダムの社会的・政治的役割が覚醒する様子を通して、

新時代のファンダム文化政治学についてのヒントが得られるよう願う。

ファンダムとミソジニー

　ここ数年、世界的にMe Too運動が広がっている。韓国で
もフェミニズム運動が表面化するにつれ、女性たちは韓国の
社会を蝕む「ミソジニー（女性嫌悪）」について、公の場で語
り始めた。

　K-POPシーンも例外ではない。BTSが初期に発表した曲
のなかで、次のような歌詞がある。「女は最高のプレゼン
ト」「しきりに目がいく　女のウエスト」「女の服はすべて
スケスケ　サンキュー！　僕の視力を上げてくれ」（「War of
Hormone」）、「ブランドのバッグを握るより　僕の手を握ってく
れる」（「MISS RIGHT」）。これらは女性を性的な対象と見たり、
韓国社会のミソジニー的な考え方を映し出したりするものと
して批判された。また、「Boy In Luv」のミュージックビデ
オで男子生徒が女子生徒につきまとうシーンも、女性への嫌
がらせを男性的な視点で解釈して「愛情」と表現するなど、
女性嫌悪の傾向が表れていると非難された。K-POPシーン
のほとんどがこうした表現から自由ではなかった。芸能事務
所もそれにたいして公式にフィードバックをしたり、問題に

ついてファンと積極的にコミュニケーションを取って考えたりすることもなかった。

　そもそも「ミソジニー」という単語が韓国社会で重みを持って語られ始めたのは、ごく最近のことだ。長年にわたりまん延していた女性嫌悪の習慣は、議論の場に上がる機会さえなかった。中東呼吸器症候群(MERS)の発生とともに『メガリア』『ウォーマド』などネットフェミニスト集団の積極的な発言によって、「ミソジニー」という言葉が顕在化したのは2015年頃。女性の人権にたいする認識が高まるにつれ、BTSのファンダムでも、過去の歌詞とミュージックビデオについて問題提起され、翌年には公式的な説明を求める「BTS女性嫌悪公論化アカウント」まで作られた。芸能事務所から返事がなかなか得られず、失望して背を向けたファンもいた。そんななかBig Hitは、2016年半ば、立場を表明した。その意義は大きい。女性嫌悪論争について芸能事務所が公式の立場

*1　(訳注) 韓国でMERSが広がった際、ネットで「旅行帰りの女性が病気を持ち込んだ」とデマが流れた。これにたいし、オンラインで女性団体が立ち上がり、ヘイトデマ撲滅運動が活発になった。

*2　(原注) ユ・ジヨン「『知らなければ勉強してください』スターに『苦言』を呈するファンたち」『オーマイスター』2016.12.22.http://star.ohmynews.com/NWS_Web/OhmyStar/at_pg.aspx?CNTN_CD=A0002272158&CMPT_CD=TAG_PC ※2021年1月15日閲覧。

を表した初めての事例であり、形だけの謝罪ではなく問題の本質を直視して回答を出した、まれに見る内容だった。内容を以下に紹介しよう。

　Big HitエンターテインメントとBTS全員は、BTSの歌詞とSNSコンテンツによって不快を感じたすべての方々にたいして深くおわび申し上げるとともに、指摘された事項と問題点を今後の創作活動の参考にしていきます。（中略）音楽の創作活動は個人の成長過程と経験、そして社会で見て学んだことの影響を受けるものであり、いかなる社会の偏見やエラーからも自由ではないと学びました。また、社会における女性の役割や価値を男性的な観点から定義づけることも望ましくない場合があることを知りました。（以下略）

　これに加え、RMは2017年の元旦に発表した「Always」*3の歌詞に「ある朝目が覚めた時、自分が死んでいればいいのにと思った」と書いた理由を真摯に説明した。RMによると、「Always」をあえて公開したのは、彼がその歌詞のような状態を乗り越えたからだという。ミソジニー論議によってファンダムの内側と外側から批判されて感じたことを、こんな風

*3　（訳注）アルバム未収録。

に明かした。「自分の音楽や言葉が、誰かに傷を与えると気づいた。より善い人になるためには、自分の行動に責任を負い、考え方も改め、多くの人の話に耳を傾けなければならないと思った」

その後、BTSのメンバーはフェミニズムの本を読み、女性学者に歌詞のアドバイスをもらい、新しい時代に生きる女性たちの強さと自立を勇気づける「21st Century Girls」という曲も発表した。

この事件で注目すべきは、ファンダムがアーティストにたいして積極的に問題提起をしたことだ。推しのアーティストへのバッシングそのものをタブー視していたこれまでのファンダムのあり方から、一歩踏み込んでアーティストに省察を求めたのは、当時のファンダム文化では異例のことだった。問題提起の過程でファンダム内に少なからぬ葛藤が生じ、立場表明にたいする意見の違いからファンダムを離れた人もかなりいた。

しかし、もしファンダム内部から問題提起がされていなければ、果たしてBTSと所属事務所が「女性の価値を男性的な視点で定義づけるのを望ましくない」という根本的な答え

にたどりついただろうか。難しかったであろうとわたしは想像する。信じてサポートしてくれるファンのほとんどは女性だ。彼女たちが社会にまん延している不条理にたいしてついに怒りをぶちまけ声を上げた時、彼らは否応なしに耳を傾けざるを得なかったはずだ。そして省察を重ねて答えを出した瞬間、「失敗を通じた学び」というBTSの成長物語に厚みを与える機会をものにしたのだ。愛があるからこそ批判をしたファンダム。それに背を向けず、誠実に耳を傾け、答えを出したアーティスト。2019年前半、女性を接待の手段や性的快楽の対象としてのみ利用し、法の裁きを受けることになった歪んだアイドルが続出した。彼らのふるまいを思うと、BTSとARMYはK-POPファンダムのなかでいかに稀有な事例か、改めて実感する。

ファンダム内の人種主義

　K-POP全般に存在する深刻な人種差別は、海外ファンの間でよく知られている事実だ。黒人のルックスや韓国で働く東南アジア出身の労働者の話し方が「コメディのモチーフ」

となってきたことを見ても、韓国社会が文化の多様性にいか
に鈍感であるか分かるだろう。

　このような社会の雰囲気は、K-POPシーンにもそのまま
表れている。「ブレードヘア」のように、黒人の外見的な特
性のみを真似する傾向が幅を利かせ、抑圧された環境に声を
上げるヒップホップ精神は、韓国では高価な時計や車、女性
をひけらかすことに変容してしまった。黒人英語を芸のネタ
にしてテレビで見せるアイドルも多い。マイノリティ・カル
チャーの特性を社会的・文化的な意味を理解しないまま利用
するK-POPシーンを、海外のファンは非難する。時にはひ
どい発言をすることもある。とあるK-POPグループのメン
バーがファンを対象にしたライブ配信で、黒いリップクリー
ムを塗ったメンバーを見て「クンタ・キンテみたい*4」と笑っ
たシーンは、海外ファンの怒りを誘った。アフリカ人の奴隷
の歴史について理解が足らず、思慮に欠ける行動だった。

　初期のBTSも同じようなところがあった。RMがメディア
で黒人英語が「個人技」だといったり、ヒップホップアイド

*4（訳注）奴隷として売られアメリカにやってきた黒人を描くアメリカの
　　　小説『ルーツ』の主人公。テレビドラマも制作されている。

ルを標榜するグループらしく黒人風のスタイルで差別化を
図ろうとしたりしていたのだ。『Amino』や『Reddit』のよ
うな海外のファンコミュニティでは、BTSを含むK-POPシー
ンの人種差別が繰り返し議論されていた。そんななか、BTS
はこのような批判に耳を傾け、同じ過ちを繰り返さないよう
に努めた。黒人を卑下する「Nワード」と似たような発音の
韓国語の歌詞を、似たような発音の別の単語に修正したのが、
代表的な例だ。おそらく、ファンダムがグローバル化するな
かで、ファンダムの文化的多様性をどのように見つめ尊重す
べきか、BTSや所属事務所で話し合ったのだろう。

　しかし、BTSのファンダム内部では、黒人ファンへの人
種差別的な態度をめぐり、激しいやりとりが続いていた。そ
れが表面化したのは、黒人ARMYたちが声を上げたことが
きっかけだ。黒人ファンは、「匿名でメッセージをやりとり
するSNS『Curious Cat』のような場で、黒人ARMYにたい
する差別的発言があった」とし、その内容を暴露した。とこ
ろが、これにたいするファンダムの反応は、黒人ARMYの
怒りをさらに煽った。「差別発言が外部に知られると、BTS
にたいする印象が悪くなる恐れがあるため、公にしないでほ
しい」と要求したのだ。歴史的に差別と抑圧を経験してきた
黒人コミュニティに、差別について語らないよう求めるのは、

おかしなことだ。そのうえ、一部の韓国ARMYも人種差別的なメッセージを黒人ARMYに送り、事態は悪化した。韓国ARMYは、BTSのメンバーに悪いジョークともとれるコメントを送る黒人ARMYを不快に思う一方で、黒人ARMYは、韓国のホムマがBTSメンバーの写真を白い肌に修正する[*5]ことに不満を募らせていた。感情の溝が深まるなか、一部の韓国ARMYから「『BTSは黒人が嫌いだ』『ファンダムから出ていってほしい』とNワードが入った文章で叩かれた」と、黒人ARMYが相次いで証言した。ついに、このファンダム内での衝突は、ある外国メディアで報道され、注目を浴びることになった。

*5 (原注) 黒人ARMYは、これを「ホワイトウォッシング（whitewashing）」と表現する。本来は、ホワイトウォッシングとは映像作品でアジア系の役を白人俳優に任せたり、白人俳優だけをキャスティングしたりする、白人中心主義な配役を指す言葉だ。韓国をはじめとするアジア諸国が白い肌を理想とするのは、「白人に対する憧れ」の影響もあるが、歴史的に美の基準は文化圏の格差構造と密接な関係を持つ。過去に豊満な体つきが理想とされたのは、一般の人が栄養を十分に摂るのが難しかったためであり、近年スリムなスタイルが好まれるのは、身体に投資してボディメイクをする余裕を表しているためだ。同じように、欧米で日焼けした小麦色の肌が人気なのは、日差しの下で休暇を楽しむ余裕があることをしめす。一方、アジア圏では肉体労働をイメージさせない白い肌を好む傾向があり、欧米とは逆である。

韓国人の大部分は多様性の幅があまり広くない社会で暮らしてきたため、他の国に比べると人種にたいする敏感さに欠けるのは事実だ。黒人のルックスの真似や、東南アジアの労働者の韓国語をジョークのネタに使うのが失礼である理由が、公の場で語られるようになったのも比較的最近のことだ。多様性に欠ける空気のなかで育った韓国ARMYの態度がこれまで問題視されなかったのは、BTSもまた韓国人だからだろう。韓国のグループを愛する他国のファンが、アーティストと同じ国のファンを非難するのは、心の重荷になったのかもしれない。アーティストの母国のファンの文化的な感性を責めるのは、アーティスト自身のルーツを批判しているようにも映る懸念も多少あったはずだ。いずれにせよ、人種差別にたいする黒人ARMYの告発は、これまで伏せてきたいろいろなことが一気に噴き出すきっかけとなった。

　人種差別をめぐり異なる立場のファンが批判合戦を繰り広げる様子を、わたしは重い気持ちで見守っていた。世界各地に広がる、多彩な人がいるファンダム、ARMY。これは、BTSの活動が世界に広がり、ファンダムの構成にも影響を及ぼした結果だ。しかし、文化が衝突するたびに、それぞれの批判を並べ立てていたら、ファンダムはひとつになれない。そんななか、わたしは一筋の希望を見出した。ARMYたち

は人種問題に背を向けず、双方の立場に対等に耳を傾けるために対話と議論を始めたのだ。

彼／彼女たちの誠実な姿勢は、議論の成否はともかく、ファンダムの未来に大きな可能性をしめした。対話の内容は印象深く、わたしは、ARMYはすぐに完璧にはなれなくとも、正しい方向性とともに前進するグループだと感じた。差別と攻撃がまん延するこの世界で、互いの考えを理解し、誤解を減らすために対話を始める力こそ、ARMYというファンダムの底力だと思った。

K-POPファンダムの特殊さ、
そしてARMY

本書で前述した通り、韓流が始まったのは、韓国ドラマとダンスグループが中国に進出した1990年代末のことだった。その後、日本、台湾、香港など東アジアで韓国ドラマが流行し、2000年代半ば以降には、K-POPがYouTubeを通じて、アジアはもちろん南米や中東、ヨーロッパの一部にまで広がり始めた。ある海外のK-POPファンの言葉を借りれば、YouTubeで偶然見つけたK-POPのミュージックビデオは「8

色のクレヨンを使っていたところに、突然120色のセットを贈られたような経験」だったという。

　これらの地域でK-POPが受け入れられる過程は、韓国国内での人気をそのまま反映したものだった。つまり、韓国で人気があり有名なK-POPアイドルのミュージックビデオが、海外でもたくさん再生された。さらに、3大芸能事務所のファンダムを最強とする韓国のファンダムの文化格差もそのまま伝わった。自分の推しと同じ事務所の新人アイドル、いわゆる弟分も応援する、芸能事務所を軸にしたファンダムの構図。好きなアイドルが超大手事務所の所属であることが、ファンのプライドにストレートに結びつくファンダム文化。これらが代表的な例だ。

　さらに、投票に力を入れる組織力、アルバムの大量購入、ファンミーティング、ファンサイン会、応援のかけ声、ホンマ文化にいたるまで、独特なK-POPファンダムカルチャーはそのまま海外にもたらされた。

　韓国のアイドルを愛し、韓国語の歌を真似して歌う、海外のファンたち。K-POPファンダムに関する研究によると、韓国のファンダムは海外ファンを不思議に思ったり、上から目線で見たりと、さまざまな感情を抱いてきたという。

　不思議に思う裏には、「韓国文化に対する自負心」という

民族主義的な感情がある。自国の文化商品が世界でも通じるという自負。それは、大衆文化を新たな輸出商品であるとし、韓国文化領土の拡大に重ねる論調と非常に似ている。同時に[*6]韓国のファンダムは、韓国のアイドルの活動の中心にいるのは自分だという、一種の選民意識を持っている。そのため、推しが国内よりも海外での活動に力を入れると、芸能事務所に「もっと韓国にいてほしい」と不満を伝えたりもする。あくまで韓国のファンが優先されるべきと考えているのだ。

　一方、韓国でトップアイドルの地位を築く以前にYouTubeやSNSで新たな海外ファンを呼び込んだBTSの海外ファンダムは、従来のK-POPファンダムとは少し異なる。BTSのファンダムは、巨大な芸能事務所を中心にしたK-POPファンダムの典型的な格差構造を知らない。そのため、中小芸能事務所のアーティストという理由でバラエティ番組やテレビ出演を断られたり、大手芸能事務所に所属するグループのファンダムから叩かれたりするのは、理不尽でおかしいと首を傾げた。どん底からスタートしたBTSとBTSファンダムが経験した数々の苦難は韓国と外国のファンを連帯させ、盗

*6　(原注) チョ・ハン・ヘジョン(2003)、グローバル地殻変動の兆候として読む「韓流ブーム」、チョ・ハン・ヘジョン(編)、(1~42頁)。ソウル：延世大学出版部。

作と買いだめにたいするバッシングが高まった2016年頃には、それぞれのファンダムを特別なニックネームで呼びあうほど厚い友情を築いた。外国のファンは、BTSを炎のようなバッシングから守った韓国のファンを、「マグマのなかで鍛えられた美しい宝石のようだ」という意味で、「K-Diamond」と呼んだ。

　一般的な外国のK-POPファンはいろいろなK-POPグループを応援するのにたいし、BTSの外国ファンは、BTSだけを推す傾向がある。外国のARMYたちは、BTSが自分の国で十分に認められていないことを悔しく思い、海外進出を情熱的に後押しした。米国の音楽チャートへのランクインを目標に定め、広報用の動画と印刷物を作り、BTSの曲をラジオにリクエストするなど、ありとあらゆる手段でBTSの魅力を欧米市場に伝えようと奔走した。韓国のファンは、外国ファンに感謝を込めて「ウェランドゥンイ（외랑둥이、「外国」と「愛らしい子」という意味の語を合わせた合成語）」というニックネームをつけた。BTSのファンダムは、韓国内と海外のファンの仲が良いことで知られていた。お互いが大変な日々をともに耐えているという「同志愛」で結ばれていたのだ。

　ところが、BTSが世界で大ブレイクした2018年以降、海

外と国内のファンダムの間で、徐々に摩擦が生じるようになった。グローバル・スターとして成長し、韓国よりも海外での活動に重点を置くBTSに韓国ファンは不満を抱き、BigHitに怒りの矛先を向けた。特に不平が高まったのは、2019年の「BTS WORLD TOUR 'LOVE YOURSELF: SPEAK YOURSELF'」のツアー開始に際して発表されたラインナップに韓国での公演が含まれていなかった時だ。大半のファンは、BTSの地位と方向性を考えれば海外活動に拍車をかけるのは当然であることや、韓国のコンサート会場のスケジュールや条件がBTSのツアーとマッチしないことなどを挙げ、現状を受け入れていた。だが、なかには「国内での活動が縮小されるのは残念」と主張を曲げないファンもいて、「こんなやり方では、韓国ファンを失うことになる」と事務所を批判した。BTSの地位が上がるにつれ、国内での活動の機会が減ってしまうのではないかという不安。このような焦りは、K-POPファンダム文化における、アーティストとファンの関係が変化することにたいする抵抗を内包している。

　K-POPファンダムは伝統的に、アーティストとの親近感をベースに形成されてきた。K-POP産業における重要なファンイベントといえば、音楽ランキング番組の公開放送、ファンとのサイン会、ファンミーティングなどがある。推しに直

接会ってプレゼントを贈ったり、スターの姿を写真や動画に収めたりして親近感を高め、結果的にファンダムが結束を強めるのだ。そんななか、「BTSの海外活動の割合が高くなれば、近くで会えるイベントが減ってしまう」と、一部のファンの間で相対的剥奪感[*7]が高まった。「BTSが変わってしまい、初心を失った」と批判する人もいた。

でも実際には、BTSの世界的地位が高まった今も、韓国でのイベントが大幅に縮小されてはいない。たとえば、アメリカのテレビ「サタデー・ナイト・ライブ」で新曲を発表した後、韓国に戻ってテレビの音楽番組とサイン会を1週間で数回こなし、再びアメリカに渡りワールドツアーを行った。無茶にも見える日程を乗り切った理由[*8]は、ツアーで海外にいる間寂しい思いをする韓国ファンのためだというのは、いうまでもない。

*7 （訳注）社会学用語で、「現在の状況と期待している状況の間のギャップ」という意味。

*8 （編集部注）コロナ禍において、コンサートのオンライン開催が相次いだ。全世界が同時につながることで、アーティストは移動やスケジュールの詰め込みから脱して、過労を防ぎ、ファンダムにとっては国や地域によって差異が生まれにくいという、解決策のひとつが提示された。

情熱的で忠誠心に満ちたファン文化を擁するK-POPファンダムの多くは、このようなアーティストとファンの親密な関係によって形成されてきた。群雄割拠のK-POP市場で、「推しのアーティストをわたしがサポートして育てた」という満足感、そしてともに苦労しながら成長したというパートナー感覚は、ファンのアーティストにたいする親近感を最高に高める。しかし、推しへの愛と深く結びついた親近感は、時に両刃の剣となる。スターのしぐさや表情、私生活まで敏感に反応し、監視することで推しへの愛を発散させる一部のファンの態度は、ファンとアーティストの感情的な距離が極度に近い、特殊な文化に起因している。

　アイドルという枠やファンの好みから少しでも外れた姿を見せると直ちに叩くこの文化は、アイドルが自分を省みるきっかけを生む一方で、時にはアーティストに自らを検閲させ、本音を吐けない心の壁を作らせてしまう。いつも明るく元気で、模範的でいなければならず、悩みや弱さは見せられない。BTSも音楽を含め、自分たちの人生をファンが望む基準に合わせようと努力する。しかし、健全な関係のためには、他人とある程度の距離を保つことが必要だということを、心にとどめておくべきだ。アーティストとファンの健康な関係は、それぞれが精神的な独立を得てこそ可能になる。

今BTSは、自分たちとともに歩み彼らの地位を高めたファンとの新しい関係を築いているように見える。「ARMYPEDIA」[*9]のように世界中のファンが参加できるアーカイブプロジェクトには、BTS現象の中心であり本質であるファンの存在感を高めようとする狙いがうかがえる。アルバム『MAP OF THE SOUL : PERSONA』で、ファンこそが自分たちのペルソナ、つまり社会的自我だと歌っていたのも、同じ脈絡だ。ARMYという存在にスポットライトを当て価値を与えることで、アーティストとファンの関係がワンランク成熟した状態になるよう意図しているのだ。

　ポピュラー音楽における地位も、社会的・文化的な意味もしかり。今やBTSとARMYは未知の場所に向かいつつある。BTSとARMYは、従来のK-POPがはらんでいた排他性を克服し、世界へ大きく広がった。その現象を生み出した主体は、他ならぬARMYだ。BTSと同じくらい成長し変化したARMY。ARMYもBTSと同様に、時代のアイコンであることを忘れてはならない。

＊9 （訳注）ファンがBTSの思い出を書き込み、世界のARMYと共有できるサイト。https://www.armypedia.net ※2021年1月15日閲覧。

音楽業界の新たなフォース、 ファンダム

『ニューヨーク・タイムズ』は、「新しいタイプのポップスター[10]が2018年を席巻した理由」という記事で、ポピュラー音楽の公式が変わりつつあるとし、これをポップの未来、すなわち「POP 2.0」と名づけた。POP 2.0の特徴を次のように説明している。

・伝統的な音楽ジャンルの境界線が消え、ハイブリッド音楽が増加。
・ヒップホップがストリーミングを席巻。
・サブジャンルとして扱われたラテン音楽やK-POPがソーシャルメディアとYouTubeの時代にポピュラーミュージックの中心に浮上。

　なかでも聴きなれない韓国語の歌詞でアメリカのファンを魅了したK-POPのトップランナー、BTSをポップの未来

＊10（原注）How A New Kind of Pop Star Stormed 2018. New York Times.https://www.nytimes.com/interactive/2018/12/20/arts/music/new-pop-music.html ※2021年1月15日閲覧。

の象徴と位置付けている。

　また『フォーブス』誌は、BTS[11]がポップス市場にもたらした風を、「ポスト・ウエスト」というキーワードで説明した。「77億に達する世界の人口のうち、北米やヨーロッパの人口は11億にすぎない。アジアには44億人が住み、スマートフォンを手に豊かな生活を営んでいる。これまで欧米の音楽を聴いてきたアジアの人たちが、これからは自分たちの音楽を聴きはじめるかもしれない」という趣旨の記事で、「アジア人の好みに合う新しい音楽」としてBTSの名前を挙げた。このように、世界の音楽産業をリードする評論家やジャーナリストが欧米に吹く新たな風について語り、今後の方向性を予言する時、必ず登場するのがBTSとARMYの存在だ。

　グローバルなアルバム市場におけるBTSの影響力をしめす例がある。2019年4月にリリースされた『MAP OF THE SOUL : PERSONA』は、発売と同時にアメリカとイギリスのアルバムチャートで1位を獲得。さらに、自国語以外の

＊11（原注）You Are Probably Going To Be Replaced. Forbes. https://www. forbes. com/sites/oisinlunny/2019/01/28/youre-probably-going-to-be-replaced-digital-music-pioneer-issues-a-stark-warning-for-the-industry/?sh=762b84d47b58 ※2021年1月15日閲覧。

曲が10位以内に入るのは難しいといわれるフランスとイタリアのチャートでも5位にランクインした。それだけではない。BTSが3位になったドイツのチャートは、世界的に有名なアメリカのミュージシャンでさえ上位に食い込むのは難しい。

　たとえば2018年に世界で一番売れたアルバム『グレイテスト・ショーマン（オリジナル・サウンドトラック）』のドイツのアルバムチャートでの最高順位は5位。ドレイクのアルバムも最高で7位にとどまった。そんななか、BTSが現地でプロモーションを行わなかったにもかかわらずチャートインを果たしたのは、ひとえにARMYの力だった。『MAP OF THE SOUL : PERSONA』は、イギリス、ニュージーランド、オーストラリア、カナダ、スウェーデン、オランダ、ベルギー、フィンランド、ノルウェーなどでも3位以内にチャートインし、BTSの影響力が多くの国々に広がっていることを証明した。ひいては官民協力のための国際機関「世界経済フォーラム（WEF）」も、公式ホームページに掲載した「韓国のボーイズバンドが教えるグローバル化4.0」という記事でBTSを紹介したほどだ。

　グローバルな音楽市場におけるBTSの影響力は、ある事実を象徴している。それは、ファンの力が音楽業界のパラダイムを変えているということだ。

「ファンダムは、もはやマスメディアから推しについての情報やコンテンツを得ようとしない。情報は、ポータルサイトのメインページに載る前に、すでにTwitterで広まっているのだ」

　これは、ウェブマガジン「iZE」がK-POPの未来について書いた記事の一部だ。Twitterで拡散されたアーティストの情報は、早ければ半日、遅ければ1日後にマスメディアで報道される。Twitterや芸能コミュニティサイトを絶えずチェックし、ファンのあいだで流れた情報をネタにする記者も多い。情報のスピードという点でマスメディアがソーシャルメディアに追い越されたのは、数年前のことだ。エンターテインメントに限らず、社会全体で同じ現象が起きている。

　インタラクティブなソーシャルメディアは、情報の量とスピードでマスメディアを凌ぐ。もちろん、フェイクニュースが拡散されるなど、情報の信頼性がかなり落ちる側面もある。しかし、現在のマスメディアの「ゲートキーピング」方式にたいする不信感にかんがみれば、マスメディアもSNSとたい

*12（原注）Big Hitエンターテインメント─ ①K-POPのひとつの未来を築いた新たな"ビッグ・ワン"iZE. http://www.ize.co.kr/articleView.html?no=2019030508197293820&page=2 ※2021年1月15日閲覧。

して変わらないと考える人が大半だ。ファンダムは、そんな
マスメディアを、情報を得るための手段としてもはや利用し
ていない。すでに知っている情報について、「公式報道」と
して真偽の確認をし、推しのPRに利用するため、マスメディ
アを戦略的に活用するのみだ。

　BTSの非公式プロモーター、ARMY。彼／彼女たちはマ
スメディアとつねに良い関係を築いてきたわけではない。騒
動に発展することもしばしばある。ソーシャルメディア時代
に突入し、マスメディアはテレビや紙媒体だけでなく、スマー
トフォンやコンピューターなどオンラインを活用した情報発
信をせざるをえなくなった。そのため、「ニュースのゲート
キーパー」であるNAVERやDaumのようなポータルサイト
が世論形成に大きな影響力をもっているのが、今の韓国の現
状だ。ファンダムにとっては、ポータルサイトに推しの記事
がいかに多く、長く掲載されるかが、最大の関心事となって
いる。できるだけたくさんのBTS関連ニュースをポータル
サイトのトップページに表示するため、ファンたちは記事を
拡散してビュー数を増やし、「いいね」を押してコメントを

*13（訳注）ニュースを報道する場合などに、一般の人々に向けて伝えるた
　　めに、メディアが情報を取捨選択し、特定のメッセージに変換してい
　　くこと。

残す。だが、BTS関連の記事は、ニュース価値に比べてトップページに表示される頻度が著しく低かった。

　これにはいろいろな理由がある。ひとつに、ポータルサイトが芸能ページに載せる記事に偏りがあることが挙げられる。BTSがイギリスの音楽の聖地ウェンブリー・スタジアムで、アジアのアーティストとして初めて発売から90分でチケットを完売させ、追加公演を行ったというニュースよりも、他の芸能人の熱愛や前の日に放送されたドラマの要約記事のほうが、簡単にトップページに掲載される。ゴシップや暇つぶしのような記事が、ビルボードのメインチャートで1位を獲得したニュースと同じくらいの比重で扱われるのが、ポータルサイトの芸能ページの現状なのだ。

　ふたつめの理由は、ポータルサイトと芸能事務所・放送局が癒着していること。芸能ページには、前日放送されたドラマのあらすじをまとめただけの記事が、まるでテレビ局の広告のようにぎっしり並んでいる。また、特定の事務所に所属する芸能人のニュースが流れると、その関連記事がメインページを埋めつくす。理由は、実はポータルサイトの2大株主が特定の芸能事務所であるためだという説もある。そのためか、BTS関連記事のコメント欄では、ポータルサイトが

7　これからの道

選定する記事が不公平だと批判するARMYの書き込みをよく見かける。

　欧米の音楽市場での活躍をニュースで知り、BTSのファンになった韓国人も多い。彼／彼女の多くがきっかけとして挙げるのが、2017年11月のアメリカン・ミュージック・アワードだ。ところが考えてみると、欧米のメインストリームで彼らが最初に注目を浴びたのは、それよりも半年前、5月に開催されたビルボード・ミュージック・アワードで受賞した時だった。BTSが韓国のグループとして初めてビルボードで受賞した「事件」だったにもかかわらず、この事実を知る一般の人は多くなかった。芸能関係のニュースをよく読む私も、実はBTSが2017年の前半にビルボード・ミュージック・アワードで受賞していたことは、アメリカン・ミュージック・アワードで話題になった後に知ったほどだ。ビルボードでの受賞のニュースは、検索しない限り一般の人には見つけにくい。理由は、ポータルサイトのメイン画面の「ゲートキーピング」のためだと思われる。

　韓国で「BTSに不当な待遇をする」と批判されるメディアの筆頭がポータルサイトである一方、外国メディアのなかでファンと大きな摩擦を起こしたのはラジオだった。イギリ

スの『キャピタルFM』のDJは、ラジオ番組でBTSの音楽を「ノイズ」と表現してファンから人種差別だと非難され、謝罪文を出した。アメリカのラジオ『Most Requested Live』は、BTSのインタビュー動画をSNSにアップした際、BTSが韓国語で話している部分にジョークのつもりで日本のアニメのセリフを書いた字幕を入れて、ファンの激しい怒りを買った。

　アメリカの音楽市場が本格的にBTS人気を体感する前の2017年。彼らが参加した米国の授賞式で投げかけられた質問は「一番好きなハリウッド俳優は？」「コラボしたい人は誰？」「一番好きなアメリカの料理は？」といったものだった。最初はアメリカの芸能メディアがBTSをインタビューするだけで喜んでいたファンも、音楽とは関係ないたわいのない質問ばかりで、徐々にうんざりしてきた。アジアから来た一発屋としてBTSを扱う、マスコミの本音が読み取れたからだ。

　そして2018年以降、BTSが音楽業界で際立つ成果を上げ、アメリカのメディアも彼らをぞんざいに扱えない雰囲気になると、ファンたちは記者に「きちんとした質問」をするよう要求するようになった。質の高いインタビューをする記者にはファンから感謝のメッセージが続々と送られ、そうでない

インタビューには酷評が殺到した。そんななか、BTSをインタビューする前に彼らに聞いてほしい質問をファンから募集するなど、ファンダムの参加を意図的に引き出すメディアも登場した。

　BTSがデビューしたばかりの頃、絶対的弱者の立場だったファンは、メディアや有名人にBTSについて取り上げてもらい、少しでも彼らが有名になるよう努力した。だが、今はメディアが不当にBTSを扱っていると感じると、果敢に刀を抜いて対峙し、ボイコットを宣言する。ファンの目から見てきちんと調査し勉強して書かれていると感じる記事は積極的に拡散してビュー数を増やすが、そうでないメディアや記事には、編集者や記者にコンタクトして議論することもしばしばだ。アーティストの地位が変化することで、マスコミとファンダムの関係も逆転しているのだ。今、ファンはソーシャルメディアの世界に生きている。ファンダムはもうこれ以上、マスメディアのゲートキーピングを無条件に信頼しない。報道内容に納得すればマスメディアと共生するが、そうでなければ、巨大なファンダムの影響力を利用して対等に闘う。

　CDを購入し、動画の再生回数を高めてチャートを支配す

るファンダムの影響力。そして、マスメディアをはるかに超える情報とネットワークを駆使するファンが、マスコミにアーティストの魅力を教える、ファンダムとメディアの地位の逆転。これらは、BTSがなぜ「POP 2.0」であり「ポスト・ウエスト」の代表的存在なのかを説明している。ファンダムは、もはや受け身の消費者という立場を脱し、音楽業界のキープレーヤーになった。これは作品の芸術的価値が批評家の権威に依存していた慣習を拒否し、観衆の解釈と評価に任せるべきだと主張した、約100年前のアヴァンギャルドの芸術宣言を想起させる。21世紀の音楽業界の新たな「前衛」には、マルセル・デュシャンの代わりにARMYが立っているのだ。[*14]

新 自 由 主 義 時 代 の 市 民 Ａ Ｒ Ｍ Ｙ

「#BTSisNotYourAverageBoyBand（BTSはあなたが考える普通のボーイズバンドではない）」。こんなハッシュタグがTwitterにある。

*14（訳注）「現代アートの父」と呼ばれる1887年フランス生まれの美術家。（後にアメリカ国籍を取得）。「アートは思考を楽しむ手段であり、鑑賞者が能動的に考えるもの」という概念を提唱した。

クリックしてみると、「BTSの音楽が人生を変えた」「BTSが自分を救った」と打ち明けるツイートがあふれ出る。自分に自信がもてない10代、うつ病に苦しむ主婦、重い病気にかかり希望を失っていた人、恋人とのこじれた関係から抜け出せず悩む女性。彼／彼女たちにとってBTSの存在と音楽は、たんなる癒やしではなく、「絶望のなかで見出した唯一の光」と語るほど強烈だ。

2019年3月。アルジェリア大統領選出馬反対デモの隊列には、こんなプラカードがあった。

「All the underdogs in the world, a day may come when we lose but it is not today. Today we fight（世界中の全てのアンダードッグたち。いつか僕らが負ける日が来るかもしれないが、それは今日じゃない。今日、僕らは闘う）」

アルジェリアの男性が持っていたプラカードの文章は、BTSの「Not Today」の歌詞の一節だ。同じ年の3月29日、ドイツのブランデンブルクで行われた地球環境デモでも、RMの本名、キム・ナムジュンの名が書かれたプラカードが登場した。

ポーランド出身の社会学者ジグムント・バウマンは、現代を「流動性が支配する時代」と捉えた。彼はこの流動性の時

代に絆、すなわち人と人との結びつきは終末を迎えたと宣言する。流動的な現代における不確実性と不安は、安全に対する新たな恐怖を助長し、他人と人間的につながることができない世界を作り出した。 1980年代以降、世界的に加速化した新自由主義は、このような不安に経済的な両極化という重荷を課した。 小さな政府と市場の競争を最高の善とする新自由主義は、社会のどん底でしゃがみこむ人々に最低限の救済策を与えることすら、「恩恵的福祉だ」と批判した。

　新自由主義的な資本主義社会が世界を支配していると見なされる現在。21世紀に入り相次ぐ環境災害とテロ、そして世界的なマイナス成長は、今を生きる市民に絶望を与えた。この世界に自分を助けてくれる存在などなく、ひとり一人が自らを救うしかないという声が、社会を幽霊のように包む。スロベニアの哲学者スラヴォイ・ジジェクによると、現代人は政治的・社会的な現実のせいで、恒常的にトラウマをもつようになったという。世代を問わず慢性的なうつ病や自殺願望に苦しむ人が大きく増えたのも、決してこのような事実と無関係ではない。シニカルな虚無主義と極端な快楽主義が共存する時代。個人は分子化してバラバラになり、世界は頼る場所も術もなく、果てしなく荒廃している。

BTSのファンであるARMYも、この時代を生きる不安な
個人だ。学校での不適応やいじめ、仕事や未来にたいする不
安、無限の競争社会におけるプレッシャー、政治にたいする
不信、アイデンティティの揺らぎ、信頼関係の消失など、さ
まざまな不幸の原因が彼／彼女たちを取り巻く。そんな彼／
彼女らが涙を流し、時には「救われた」とさえ明かすのが、「あ
るがままの自分を受け入れ、自分を愛しなさい」というBTS
のメッセージだ。効率主義を強調する新自由主義の無限競争
社会で、「止まっても大丈夫　もう目的も分からないまま走
らない　きみが吐き出すすべての呼吸は　もう楽園に　君を
成すすべての言葉は　もう楽園に（「Paradise」より）」という歌
詞を堂々と放つBTSの存在は、不安に押しつぶされそうに
なる人たちに、そっと手を差し伸べる。

　視覚障がい者の妹とBTSのシティ・フィールド公演に参
加したバロニアの「いかなる辞書でも定義できない、ひとつ
の概念にとらわれない『何か』を、コンサートに集まった人
たちから感じた」という言葉のように、「BTSのファンにな
るのは、とてつもなく大きな共同体に入るようなものだ」と
いう話をよく聞く。
　カナダのジャーナリストのネザリエル・スコットは、子ど
もの頃からずっとうつ病を患っていた。周りの人に合わせよ

うと、時には幸せな姿を演じていたという彼女は、BTSとARMYに出会って初めて感じた気持ちを、次のように語る。「このファンダムの一員になることは、言葉では表現できない大きなものの一部になるような感じがします」。彼女はまたこう言う。「BTSが私のうつ病を治すことはできないかもしれないけれど、彼らを愛することは、自分を支えてくれる、生きるための原動力です」。

　絆が失われた時代にひとりで耐えなければならなかった不安と憂鬱を、ARMYたちとともに耐えているという一体感と安心、そしてBTSから伝わる「お手本のように生きなくてもいい。君のままで大丈夫」という癒やしは、前に進む勇気を与える。

　不安とトラウマがまん延する日常に生きる、新自由主義世界の市民、ARMY。人生でもっとも必要な時期にBTSと出会えてよかったと語るファンたち。産業化した資本主義の領域であるK-POPの片隅で生まれたBTSの音楽と、彼らが世界と呼応する姿は、ファンの悲観的な気持ちを和らげ、人間という存在にたいしてもう少しだけピュアな夢を見られる道

＊15 (原注) BTS Won't Cure My Depression, But Loving Them Helps Me Cope by Nezariel Scott. https://www.flare.com/celebrity/k-pop-mental-health ※ 2021年1月15日閲覧。

を拓く。日々をまともに生きることがもっとも難しい課題になってしまった現代。BTSが与える「慰め」と「共感」は、新自由主義時代の市民たちに最高の日常革命、すなわちあきらめずに一日を生き抜くパワーを与える。これは、決して小さなことではないはずだ。

　もしかしたら、わたしたちは気づかないうちにこんなアーティスト、すなわち親しみやすい隣人のヒーローを、ずっと心のどこかで待っていたのかもしれない。言語も人種も資本の力も超えるアピールをもった、それでいて底抜けに気さくな隣の青年のような英雄を。
　新自由主義時代のヒーローには、スーパーマンのようなマントはいらない。彼らは、ファンひとり一人の瞳に映った輝きを翼に、高く広く世界へと翔けていく。

古家正亨

彼らは世界を一つにする象徴だから

———

日本デビューショーケースから現在まで、日本でのBTS関連イベントのMCを数多く務めてきた古家さん。彼らの日本での活動を間近で見守ってきた立場から、等身大のBTS、そしてARMYたちについて語っていただきました。

古家正亨(ふるや・まさゆき)｜韓国大衆文化ジャーナリストとして、ラジオDJ、テレビVJ、MC、ライターとして幅広く活動。日本デビューショーケースから現在まで、日本でのBTS関連イベントのMCを数多く務める。

彼らの伝えるメッセージが、
いずれいい形になって
伝わるんじゃないかなって

―― 古家さんは、BTSの日本でのイベントでは、ほぼもれな
　　くMCをされていらっしゃいますね。これまでに何回く
　　らいMCを担当したのでしょう？

　何回か数えられないほどです。リリースイベント、ショー
ケース、ファンミーティング……とにかくたくさんですね。
日本ツアーに同行したこともありました。

―― 初めて彼らを観たのはいつですか。

　2013年の日本デビューショーケースのリハーサルでした。
JYPエンターテインメント代表プロデューサーのJ.Y.Parkさ
んと長きにわたって仕事を共にしてきたパン・シヒョクさん
が立ち上げた事務所のボーイズグループということで、最初
からとても関心がありました。彼のソングライティングの才
能というのはすごかったので、実像が見えてくる前は2AM
のような実力派のボーイズグループをプロデュースするつも

りなんだろうなと。ただ、徐々に伝わってきた情報は全員が地方出身者のボーイズグループで、音楽性はHIPHOP。当時のK-POPシーンと言えば音楽の流行の中心はEDMだったので、挑戦的だなと。そして、名前は「防弾少年団」。どんな少年団なんだろうと。そして「弾を防ぐ」というのはどこからの弾なんだろうと（笑い）。漢字表記でロゴやビジュアルイメージもとんがった感じだったし、正直会うまで全く想像がつかなかった。

　そういった状況下で、実際に彼らのパフォーマンスを見たわけです。まず、ダンスのシンクロ率の高さに驚かされ、しかも、情熱にあふれていて、生歌でも息切れしない。これは率直にすごいなと感じましたね。そして、そのリハーサルの激しさ、こだわりを見たときに、これは本物だ、と思いました。

—— リハーサルの激しさというのは？

　徹底的にリハーサルをするんです。K-POPのアイドルたちは毎日10時間以上練習をしているので、本番前のリハは軽くやることが多いんです。韓国関連のイベントに共通していることは、当日になっていろいろ変わることも多い、というのがあります。でも彼らは、前日から徹底的にリハーサルをするんです。そして、リハーサルの段階で、完璧なショーワー

クが決められていました。舞台の制作者側からも、良いもの を良い形で見せようというものがありましたし、そういった 完成されたもの、姿を見せたいという"完璧さ"の追求を感じ たのです。

—— 翌日のライブ本番はどうでしたか。

　会場は渋谷のO-EASTだったのですが、新人とは思えな いオーラがありましたね。彼らのひとつ一つの踊りを、動き を、見ていると、風圧を感じるんです。踊ったり歌ったりす るときに、ひとつ一つの動作から風を感じると言えばいい でしょうか。一方で、音楽性がHIPHOPというのが、気に なりました。当時のK-POPの流行の中心ではなかったです し、日本でも大衆的なジャンルではなかったので。それでも 僕は、彼らの持つメッセージ性に興味を持ちました。こうい う人たちが伝えるメッセージが、いずれ良い形になって伝わ るんじゃないかなっていう直感があったんですね。それ以降 「次は誰が来そうですか？」と関係者の皆さんやK-POPファ ンの方から聞かれたときは必ず「防弾少年団」って答えてい たくらい、それくらい、どこか他のボーイズグループとは一 味違っていたんですよ。

──── BTSの持つメッセージ性とは、どんなものですか。

　方言でラップをする「paldogangsan」って曲がありますよね。あの曲を聴いたとき、ソウルに対するアンチテーゼもあるのかなと感じたんです。韓国に住んだことのある人であれば、日本人であっても、あの曲に込められた彼らの想いは絶対に理解できるはずです。「自分たちは、あらゆる逆境に立ち向かって、絶対にトップに立つぞ」という気迫が、全てにおいてあふれていたのを覚えています。彼ら自身は意識していないとは思うのですが、彼らの音楽が持つメッセージ性は90年代に「文化大統領」と呼ばれ、当時の若者たちに絶大な影響を与えた伝説のボーイズグループ、ソテジワアイドゥルが持っていたものに近いものがあります。同世代の若者の代弁者であろうとする。ただ、SNSで誰もがメディアとして情報を発信できる今の時代に、そのコンセプトは下手をすると古さを感じる人もいるでしょう。でも、社会問題に対峙するソテジワアイドゥルのメッセージ性とは違い、世界中の誰もが共感できる、自分自身と向き合うきっかけを与えてくれるメッセージ性。これは新しいなと思いました。ただ、当時の韓国では受けないかもしれないとも、これは個人的な感覚ですが、思いましたね。デビューし、新人賞を数多く受賞しましたが、しばらくは大衆的な評価を得るには至りません

でしたよね。でも、音楽的にも、見せ方的にも、もっと大衆的な方向に振った瞬間、大ブレイクするだろうなと思いました。ただ、その瞬間がいつかは全く想像できなかった。一方で、日本のK-POPファンからの、彼らに対する注目度は、最初から高かったように思います。

―― 当初日本ではどのように受け止められていたのでしょうか。

　日本では、『花様年華』の前くらい、ポニーキャニオンに所属していたときから、K-POPファンに注目されていた印象があります。現場に行く先々で感じたのは、K-POPのトレンドをキャッチしている、若いファンが最初からとても多かったということ。もちろん、彼ら自身も一生懸命、小さなプロモーションイベントから、地上波キー局以外の番組などにも数多く出演して、コツコツとプロモーションをがんばっていました。僕がMCを務めているようなCSやBS、地方局の番組であっても、出てくれていた。それが、彼らの日本での人気の地盤を固めていったと思います。東方神起の日本での成功例に似ていますね。RMは一生懸命日本語を勉強していて、早い段階で「東京ドームでライブをすること」と目標を掲げていたのも強く印象に残っています。必ずしも日韓関

206

係が良好とは言えないなかでも、コツコツとその夢に向かってがんばっていた後ろ姿が目に焼き付いています。そんな彼らを、日本のARMYもまた、地道に支えていましたよね。

—— 彼らに初めて会って言葉を交わしてみたときは、どうでしたか。

　名前やHIPHOPという音楽性とは裏腹に、ぜんぜん尖っていない（笑い）。かわいらしい少年たちでした。10代の普通の子で、とにかく仲がいい。人なつっこさがすごくあって、「この日本語何ですか？」って気軽に話しかけてくるんです。すごく爽やかで好印象でした。オフの彼らの姿は、とても「We are Bullet-proof」なんかをやる感じではなかったです（笑い）。

　そして、最初からみんな個性的でした。たとえば、RMならすごく真面目で、当時から言葉選びが上手。真面目さが言葉の端々から伝わってきました。JIMINは小動物のようにかわいかったですし、J-HOPEはあの通りのムードメーカーでしたし、JINは一番年上なのに、マンネ感を出していましたし。 SUGAは人一倍アーティスト気質だけど心開いたら人なつこくて、グクはいつでもニコニコ。Vは「ふるやさ～ん」って気軽に声をかけてくれる。まさにARMYの知って

いる通りのあの感じでした（笑い）。そういうひとり一人の個性がすぐに目に焼き付くほど。数多くのグループと一緒に仕事してきましたが、そういうグループって、実はなかなか出会えないんです。

—— 日本での活動をしているときの彼らの、特に印象に残っていることはありますか。

　すごく勉強熱心で、できる限り日本活動中は日本語で喋ろうと努力をされていましたね。Vが初期に日本公演でよく言っていた「だいばく」って言葉があります。あるときVに「古家さん、テバク（※韓国語で「最高」の意味）は日本語でなんて言えばいいですか？」と聞かれたんです。「ただ『最高』って言っても、ちょっとピンと来ないから、あなたの言葉にしてしまっては？　人気大爆発的な意味合いでダイバクとかにしてみたら？」と言ったら、そこから「だいばく」と言い始めたんですよね。そんなこともありました。

本当にこのヒットは
誰も予想できなかった

—— BTSの活動について、転換点になったのはいつごろで
　　しょうか。

「I NEED U」が出たときです。イントロを聞いたときに、
「あ、これは売れるな」と。同時に、大衆的に振ったところ
にちょっと寂しい気持ちもありましたね（笑い）。でも、ア
ルバム全体を聞くと、ちゃんと彼らのやりたいことをやって
いるように感じました。案の定、「I NEED U」で一気に売
れて、『花様年華』は『Part2』も売れて。そこからですよね。
怒涛のようでした。

　一緒にいて、ライブをする会場がどんどん大きくなって
いったことも人気の実感の一つとしてありましたけど、た
だ、上り調子だったわけじゃない。2016年に日本でファン
ミーティングが開催された際、地方の会場の司会を僕が担当
したんですが、残念ながら一部満席ではなかったんです。そ
の際リハーサルでJ-HOPEが「ああ、僕たちはここで終わっ
ちゃったんだ」って笑いながら、冗談半分に言ったんです。
マイクを通して会場全体に聞こえたので、ずいぶんストレー

トに言うなあって思ったんです。平日ですし、ファンミ。それに、彼らの魅力はライブ。特に気に留めるほどのことではないと僕は思ったのですが、きっとあの瞬間、東京ドームでライブをしている姿を、同時に思い浮かべていたんじゃないかと思うんです。でも、その言葉を放った瞬間、僕は「絶対にBTSはトップになる」と思いました。あのとき、僕はよく分からないんですが、彼らですら流していない涙を流したほど、その言葉が心に突き刺さったんですね。でも、この経験をバネにするだろうと。彼らがどんなにスターになってチャートを塗り替えようと、未だに僕のBTS歴のなかで、このときの出来事は、最も心に残る瞬間と言えますね。

―― その翌年、2017年にビルボードのソーシャルアワードでトップ・ソーシャル・アーティストに輝きました。

　受賞の影響は日本でもありましたね。明らかに風向きが変わっていました。ラジオで、これまでよりも盛んにK-POPが流れ始めました。そのあと、アメリカン・ミュージック・アワードで、アメリカの音楽受賞式で初めてパフォーマンスを披露しましたね。それも反響が相当大きかった。ビルボードのトップ・ソーシャル・アーティスト受賞は組織票なのでは？　という声もあったようですが、その後のアメリカン・

ミュージック・アワードでのパフォーマンスでは、アメリカのセレブたちが立ち上がって拍手。そのときに、ついに彼らはソーシャル・メディアの世界から、リアルの世界に進出していったのだなと。ついに彼らも、アメリカで売れるんだなあって思いましたね。

—— 彼らが世界的な人気を獲得していくその頃、ARMYの存在を感じましたか。

　2016年ぐらいからARMYの気配を感じ始めました。欧米でも少しずつチャートがあがり始めました。もちろんそれだけの実力を持っているのですが、なぜBTSが急にチャートに浮上したのか、不思議でした。これまでもずば抜けた人気を持つK-POPアーティストたちが、アメリカ進出を試みるも、大きな結果を残せていなかったからです。ただ、PSYの「江南スタイル」の成功は、一つ大きな要因としてあったと思います。ソーシャル・メディアで大きな動きが起きれば、一気に世界でその名が知られ、世界でトップに近づけるということを証明した楽曲で、K-POPのファンたちは、自分たちの推しているアイドルもPSYのあのポジションに近づけるという確信を持ったと思います。でも、じゃあそれをどう応援して実現させるのかという難しさは当然あったでしょう。

──── 当時、本国以外でもARMYの動きはありましたか。

　2016年くらいから、欧米のメディアで「BTS」という名前を普通に目に耳にするようになり、これは、韓国のファンだけが仕掛けているのとはちょっと違うと気づきました。たぶん、欧米の人たちが何らかの形で彼らの魅力を発信している、と。当時、知り合いのカナダ在住の方が、大学のなかにBTSを応援するARMYサークルができたと教えてくれて、とても驚いたのを覚えています。

　なぜ、欧米でも受け入れられたのかは、結果論かもしれないですが、若い人たちにとって、ポップスターのポップアイコンが全世界的に存在しなかったということが大きいと思います。どの時代にもポップアイコンは必要だと思うし、誰もが好きになるスターの存在は必要だと思うんです。ただ、ソーシャルの世界が広がっていくことで人気の細分化が進み、日本もそうですが、誰もが知る全世界的なポップスターがいなくなってしまいましたよね。欧米だとワン・ダイレクションが最後ではないでしょうか。世界の共通項としてのボーイバンドが不在だったなか、あれだけクオリティの高いパフォーマンスを、HIP HOP人気中心の欧米の音楽シーンにおいて、どちらかと言うとポップ寄りの曲に乗せられ、見せられたという衝撃は大きかったと思います。

非英語圏アーティストが欧米で成功を収めるのはとにかく難しい。セールス面を重視するアルバム・チャートでは1位になれたとしても、シングル・チャートでの1位は本当に難しいんですね。今の米ビルボードのシングルチャートのランキングは、シングルだけの売上ではなく、SNSやサブスクリプションなど、さまざまな要素から成り立っているので、一つだけの要素が突出した人気を得ても1位にはなれません。しかも、ラジオのエアプレイの比重も未だ大きいのですが、アメリカのラジオ局はとても保守的で、専門チャンネル以外では、なかなか外国語曲をかけてくれません。PSYの「江南スタイル」が1位になれず2位止まりだったのは、ラジオを制覇できなかったことが大きかったんです。

──　そんななか、「Dynamite」はビルボードチャートでシングルで1位をとりました。

　初めて「Dynamite」を聞いたとき、絶対1位になると思いました。外国語曲としてではなく、英語詞の曲ですし、アメリカの流行曲の歌い手としてきちんと評価される、と。それに、ARMYの連帯と発信力がある。そして、英語詞の曲ということで、やっぱりラジオでかかり始めた。ラジオのエアプレイチャートでトップ20くらいに入ってきたことで、1位

が見えましたね。しかも「Dynamite」は、世界がコロナ禍に見舞われたために、世界を励ましたい気持ちからリリースされた曲ですね。もし新型コロナウイルスが蔓延していなかったら、あのタイミングでリリースされていたかどうか、正直分かりません。ただ、とても不思議な曲ですよね。最初に聴いたときに、BTSらしさがなくてびっくりしたんですが、聴いているうちに、そのらしさが感じられて、どんどんBTSの曲になっていく感じ。自然と口ずさんでしまう。彼らはいい曲に出会ったと思いました。

—— なぜ、ここまでのブレイクにつながったのでしょう。

　いろんなメディア、ライターがこれについて分析し、それなりの回答を示してくれていますが、僕は、未だにその正しい答えを導き出せずにいます。もちろん彼らに唯一無二の魅力と実力があり、ARMYがその魅力を全世界に伝えたこともありますが、世界的な人気を得るようなボーイバンドが不在だった。SNSのおかげで言語を超え、音楽的に世界が一つになりつつあった。YouTubeが音楽界に与える影響が絶大になった。マイノリティーの主張がより大きな声となって、世界に与える影響が高まった——など、何か一つが大きな要因になったというよりも、さまざまな要素が重なったことが、

彼らを世界的なブレイクに導いたと思います。彼らのヒットの要因について、いろいろな考察がありますが、全部がそうかもしれないし、全部が違うかもしれない。ひとつ一つが重なっていって、最終的にヒットしたと思うんです。そして、本当にこれは、誰も予想できなかったと思います。

「夢をかなえてあげたい」という 思いが強いＡＲＭＹ

―― ファンダムがここまで強固になったことについてはどう考えますか。

　当時、「防弾少年団」としての一つのアカウントから情報発信をしたのが、最も他のグループとの差別化につながっていたと思うんです。他のグループは、メンバー個別のアカウントも持つのが一般的だったので。個人を応援する文化の大きい韓国だけど、あえて、ＢＴＳはグループとして発信をしていました。それが、ファンも一つになれた要因かもしれません。メンバー個人よりもグループ全体を支持するファンが圧倒的に多い日本では普通の感覚かもしれませんが、長く韓

国のエンタメに関わってきた人であれば、極めて珍しい例だと感じるはずです。韓国ファンの熱さって、もうお分かりだと思いますが、それがまとまって、大きな一つの力になれたというのは、彼らの人気の相当大きな後押しになったと思います。ファンにアプローチするのは、K-POPのどのグループもとても上手ですが、BTSはファンを一つにしてあげた、一つになれた、というところが他とは違うのではないかと思います。

　ARMYって、自分がARMYであることにすごく誇りを持っていると思うんですね。そして、今、社会全体がマイノリティーを理解する流れもあって、国や性別もさまざまなARMYたちが、一つの「家族」としてつながれた、というところも、ある気がします。

—— ARMYと聞いて思い浮かぶ言葉は？

「団結」。この団結力は半端ないと思いますね。寄付や社会貢献などの社会的なアプローチもそうですし、チーム全体を応援する団結力は、個々を応援するよりも、絶対的な力になりますから、アーティスト活動の支えになっていますよね。

　ただ、一方で、負の面を言うと、パワーが強くなりすぎると、間違った方向に力が動いてしまうことは、あるのかも

しれません。たとえば、BTS自身のやりたいこととは別に、自分の自己実現の手段のためにBTSを象徴にしたり、ファンダムの団結力を使ってしまったり。可能性の一つとしてですが。もちろん、そうしたことはせず、BTSを見据えて団結するARMYだからこそ、その活動が、全米1位やグラミー賞ノミネートにつながっていますよね。BTSは何か一つの流れの象徴ではなく、むしろ、「世界を一つにする象徴」ですし、そうあって欲しい。元々彼らが自分たちの名前から「社会からの"あらゆる"弾を自分たちが受け止めて、代弁者として、こうであるべきだからこうしようよ」というメッセージを発していて、それに誇りを持っていました。それがきっと、彼らもやりたいことなのではないかなと思います。そんな彼らの夢をかなえてあげたいという思いが、ARMYはとにかく強いですね。

―― そういったARMYの思いの強さは、どこから生まれてくるのでしょう。

たとえばビルボード1位だったり、東京ドーム公演、グラミー賞とか、そういう純粋に目指している目標をかなえてあげたいから、彼らを応援しているARMYが多い気がします。「ビルボードで1位になりたいです」って、なかなか言えるこ

とじゃないじゃないですか。だけど、純粋に目標や夢を抱いているBTSのメンバーたちを、自分たちも本気になって応援したいという思いを、とても強く感じますね。ARMYを本気にさせているのは、それはきっと、彼らに発信力があるからでしょうか。不思議なんですが、言葉一つとってみても、非常に発信力があるんですよね。これは、RMという存在を、一番年上ではないにもかかわらずリーダーに任命したパン・シヒョクさんのプロデュース力があったからこそだと思います。メッセンジャーとして彼をリーダーに持ってきたことは正解だったのではないでしょうか。もし彼がリーダーじゃなかったら、また違う色のグループになっていたような気がします。メンバーみんなが自由なことをしていても、最後にはRMがしめるってところがあるじゃないですか、BTSって（笑い）。それが結果論であるかもしれませんが、BTSの成功に大きく寄与していますよね。

「BTS」という枠組みを長く続ける

—— 最近BTSのメンバーとコミュニケーションをとりましたか。

『MAP OF THE SOUL : 7 〜 THE JOURNEY 〜』のアル
バムリリースイベントのときに、オンラインでコミュニケー
ションをとりました。久々に話しましたね。それにしても、全
く変わらないんですよ、全く。あの、デビューの前日リハと全
く変わらない。通信がつながったときなんか、「古家さ〜ん！」
とすかさずJ-HOPEが声をかけてくれて、「ご飯食べましたか
〜？」って。あと、これは、なかなかできないことだと思う
んですけど、つい最近、レコード会社から『MAP OF THE
SOUL : 7 〜 THE JOURNEY 〜』のCDが届きました。メン
バーからで「TO ふるや」ってひらがなで書かれていて（笑い）。
いったん日本で出たCDなのに、それを韓国でわざわざサイン
して、届けてくれる。彼らはとても忙しいのに。これって、な
かなかできないことですよね。

—— 最近の7人を見て、それぞれどんな印象を持ってますか？

RMはコメントの端々から、ますます頭がキレるよう
になったなあと。しかも、日本語力を維持していますね。
J-HOPEは、どんどん洗練されている。ミックステープだっ
たり、個人的にいろいろな音楽活動だったりをやりながら、
自分はBTSのメンバーでありJ-HOPEなんだっていうところ
をすごく意識してきているように感じますよね。でも、あ

の、柔らかさ、愛嬌、面白さは変わらないですよね。逆にV
は元々繊細な子だから、彼は、今の自分たちBTSが置かれて
いる状況をすごく客観的に見ているのではないでしょうか。
こういう冷静な人がいることは大事だと思う。グラミー賞ノ
ミネート発表のときも、一人だけ、大きな反応を示さず、変
わらない。Vらしいです。グクはずいぶん大人になりました。
彼がたぶん、BTSの今の成功を楽しんでいるように思いま
す。それをお兄さんたちが見守っているように感じますね。
SUGAはどんどんアーティスト肌になってきていますよね。
プロデューサー、音楽家の一人として、自分たちがやってい
かなきゃならないことも分かっているような気がします。去
年はIUとのコラボもあったり、外部との作業をやっている。
兵役後なのか頂点を極めたあとのBTSなのかは分からない
けど、それをすごく考えているとも思いますね。JIMINは
一番変わらないんじゃないかな。本当に純粋だし、ひたむき
だし、彼は本当にパフォーマーとして生きているなあって感
じします。どんどんセクシーになっていきますよね。所作も
含めて、指先まで。彼は、K-POPシーンにおける有数のセ
クシーさを兼ね備えた存在だと思いますね。JINは、このグ
ループにおける、マシュマロみたいな存在だと思いますね（笑
い）。彼の天然さ、一番お兄ちゃんなんだけども、なんかこう、
悪く言うつもりはないんだけど放って置けないところ。それ

が彼のキャラクターで、そのキャラクターがグループのなか
で生きているんですよね。彼は彼の、変わらないキャラクター
を持ち続けて欲しいなって思いますね。

―― もし、グラミーを獲得したら、その後の彼らの目標は
　　何になるでしょうか。

　受賞の目標ももちろんありますが、そもそも、彼らの目標
は、「BTS」という枠組みを長く続けるということだと思う
んです。
　今やK-POPは、欧米の楽曲と何ら変わらなくなっていて、
誰が歌っているとか、何語で歌っているとかも関係ない世の
中になってきたと思います。しかも新曲がリリースされた瞬
間、SNSやサブスクリプションで、世界中の人が同時に共
有できるなんて、昔ではありえなかったこと。また、瞬間
的にAIが翻訳して自分の言葉で歌詞を理解しながらミュー
ジック・ビデオも見られる時代です。そういう時代だからこ
そ、彼らの世界的人気って生まれたと思うんですね。まさに
時代の象徴だと思います。そんな彼らが、多くの賞を受賞し、
アメリカで1位もとり、三月の米グラミー賞でも受賞となる
と、当然次の目標はってなると思うんですが、それはきっと
BTSとしてどれだけ長く活動できるかということだと思う

んです。辛い状況を乗り越え、BTSという枠組みを維持し、これだけ素晴らしい業績を残してきた彼らですが、きっとこれが、彼ら自身の一番大きな今後の課題であると思うんです。そして、その答えについては、彼らのなかでは決心してるものがあるのかなって、個人的には感じますね。

聞き手　桑畑優香
構成　　編集部
2020年12月9日

参 考 文 献

◆ ピエール・ブルデュー (1979)
『La distinction : Critique sociale du
jugement』／
『ディスタンクシオン〈普及版〉I、II
〔社会的判断力批判〕』
（石原洋二郎訳、藤原書店）

◆ ヘンリー・ジェンキンス (2006)
『Fans, Bloggers, and Gamers:
Exploring Participatory
Culture』（New York University Press）

◆ チョ・ハン・ヘジョン (2003)
『韓流とアジアの大衆文化』
（延世大学出版部）

◆ ジグムント・バウマン (2000)
『Liquid Modernity』（Polity Press）／
『リキッド・モダニティ──液状化
する社会』（森田典正訳、大月書店）

◆ ジグムント・バウマン (2003)
『Liquid Love: On the Frailty of Human
Bonds』（Polity Press）

◆ ソン・ヒジョン (2017)
『フェミニズム・レポート』
（ナムヨンピル）

◆ スラヴォイ・ジジェク (2010)
『Living in the End Times』（Verso）

2021年2月18日　初版第1刷発行
2022年7月9日　第4刷発行

BTSとARMY わたしたちは〇〇と連帯する

著者　イ・ジヘン
訳者　桑畑優香
装丁　アルビレオ
編集協力　荒井葉
校正　konoha
本文組版　岩井峰
発行人　永田和泉
発行所　株式会社イースト・プレス
〒101-0051 東京都千代田区神田神保町2-4-7久月神田ビル
Tel.03-5213-4700 Fax.03-5213-4701
https://www.eastpress.co.jp
印刷所　中央精版印刷株式会社

ISBN978-4-7816-1955-2
Japanese translation ©Yuka Kuwahata 2021, Printed in Japan

イ・ジヘン

梨花女子大学を卒業後、米国カリフォルニア大学アーバイン校大学院で美術史学と芸術学修士（映画理論）、中央大学先端映像大学院で芸術学博士号（映画理論）の学位を取得。韓国芸術総合学校など複数の大学で講師を経て、現在は中央大学大学院で映画理論を講じている。映画と大衆文化についての評論や論考を数多く発表。博士論文は「韓国映画における21世紀の映画産業構造の変動と大衆文化の美学的変化」。主要な著作として、共著『ポストシネマ：21世紀の映画についての20のキーワード』（2015）、ポストヒューマン時代の文化についての単行本、ニューメディア時代のアートと大衆文化に関心を持っている。邦訳書に『誕生日』（2017）、『弁護人』（2017）の翻訳がある。邦訳論文として、『アジア映画的想像力とアイデンティティ政治性』（2014）などがある。

桑畑優香

ライター、翻訳家。早稲田大学卒業、延世大学語学堂修了。テレビ番組「ニュースステーション」のディレクターを経てフリーに。韓国のエンターテインメントやK-POPのアーティストへのインタビュー、ドラマのコラムやレビューなどを「AERA」「Yahoo! ニュース個人」などに寄稿・翻訳。訳書に「韓国映画監督インタビュー集」「韓流スター・ヒーローたちのHana」「韓国現代詩選」「時代とともにスクリーン一世の韓流ドラマ」、訳書『今、私たちの優雅な言葉（イムヒギョン＝共著、タバブックス）』「花ではない（ニウニ）」、「花ではないは（こうふう）」、共著に『韓国映画の手引き付き完全保存版』『韓国映画100選』（ワニ）、『BTSを読む なぜ世界を夢中にさせるのか』（柏書房）などがある。